JN411061

솔향기 머무는 언덕

대왕암 솔바람길

대왕암 솔바람길

2012년 10월 10일 초판 1쇄 인쇄
2012년 9월 5일 초판 2쇄 발행

글쓴이 | 장세련 · 장세동
엮은이 | 울산광역시 동구 문화체육과
펴낸이 | 권오상
펴낸곳 | 갈모산방

등 록 | 2012년 3월 28일(제2013-00090호)
주 소 | 경기도 고양시 일산서구 대화동 2232번지 402-1101
전 화 | 031-907-3010
팩 스 | 031-912-3012
이메일 | galmobooks@naver.com

ISBN 978-89-969524-1-1 03800

값 13,000원

솔향기 머무는 언덕

대왕암 솔바람길

장세련 : 장세동 글

갈모산방

추천사

양명학(울산대학교 명예교수, 울산대곡박물관장)

사람을 비롯한 모든 생명체들은 자기가 태어나고 살고 있는 자연이나 사회의 환경에 적응하면서 삶을 유지하고 경영하게 된다. 그런 환경에 적응하려면, 먼저 그 자연이나 사회의 구석구석을 찾아다니며 그 속성을 관찰하여 알아내어야 한다. 그것이 왜 거기에 그렇게 있는지 그 이유도 살펴야 하며, 오랜 세월 동안 사람들이 그것을 어떻게 보고 해석해 왔는지를 탐구해야 한다. 끝으로는 자신이 그것을 어떻게 받아들이고 적응해야 할지를 생각해야 한다. 오늘날 '길 위의 인문학'이니 '둘레길 걷기'니 '한 바퀴 둘러보자 내 고장 역사 문화'니 하는 스토리텔링의 문화가 유행하는 이유가 거기에 있다.

이 책을 쓴 장세련 작가는 울산문인협회 회원으로서 나와는 수십 년간 문학 활동을 같이하고 있다. 저자는 글이 섬세하고 아름답고 재미있고 유익하기로 정평이 나 있는 사람이다. 저자는 이미 작년에 울산광역시 동구의 마골산 지역을 중심으로 한 『옥류천 이야기 길』을 저술하여 좋은 반응을 받은 바가 있다. 금년에 다시 방어진과 일산동과 꽃바위 지역을 중심으로 『대왕암 솔바람 길』을 쓰는 것은 동구 알리기의 연장 작업이다.

이 책은 한 지역의 자연과 그 이름의 유래는 물론 그 곳에 살던 사람들의 역사적 애환을 다루었다. 거기에 얽힌 전설이나 설화도 놓치지 않으면서 그 곳이 갖는 현재 및 미래적 가치 등을 차분하고 상세하게 설명해주고 있다. 뿐만 아니라 거기에 얽혀 있을 법한 '이야기 만들기story telling'를 덧붙여 책을 재미있고 맛깔스럽게 하고 있다. 이는 이 책이 유익함과 즐거움을 동시에 주고 있는 요건이다.

저자는 '낙화암과 홍상도' '대왕암공원과 울기등대' '일산진과 어풍대' '슬도' '방어진항' 등 30여 개의 소제목으로 나누어진 이번 책을 쓰기 위하여 곳곳마다 많은 답사를 하였다. 답사를 바탕으로 이야기의 각도와 방향을 잡아나감으로써 30여 편이 저마다의 개성을 가지고 있으면서도 연관성을 갖게 했다. 그로써 독자에게 유익함과 재미를 갖추도록 노력한 바가 있어 높이 평가할 만하다.

울산광역시 동구에 관한 저술은 이미 몇 종류나 나와 있다. 어떤 것은 나도 거기에 간접적으로 관여한 바 있다. 그러나 지금까지 나온 책들이 전문가나 준전문가들이 읽을 수준이라서 일반 독자들로서는 쉽게 접근하기가 어려운 점이 있었던 것이 사실이다. 이 점을 감안하면 저자가 쓴 이번의 책은 아무나 쉽고 재미있게 읽을 수가 있다. 또한 부모와 자녀, 스승과 제자 그리고 이웃과 친구들이 같이 현장을 답사하면서 읽고 배우고 생각할 수 있는 책이 될 수 있을 것이다.

아무쪼록 이 책이 공업도시로만 알려진 울산광역시 동구의 이야기만 서술했지만, 울산을 역사와 문화의 고장이라는 이미지로 바꾸는 데 크게 기여하기를 바란다.

작가의 말

길에서는 여유가 느껴지고 바람에서는 가파름이 전해진다. 상반된 느낌을 주는 길과 바람은 언뜻 어울리지 않는 듯하다. 바람을 맞으며 걷는 길은 그래서 오히려 낯설다기보다는 신선하다. '옥류천 이야기길'에 이은 또 하나의 길. '대왕암 솔바람길'은 그런 길이다.

길은 사람의 흔적이다. 발길이 스친 곳이면 어디나 길이 된다. 사람이 만든 길이지만 사람이 지울 수는 없다. 길은 저 스스로 모습을 감출 뿐이다.

사람의 몸 중에서도 가장 낮은 발이 닿는 길. 발보다 더 낮은 곳에서 아무리 무거운 것도 묵묵히 받아준다. 작은 풀잎에도 꽃을 피우고, 사람들은 기겁을 하는 벌레들도 말없이 품어준다. 돌부리가 박혀도 비명은 커녕 앓는 소리조차 없다. 바늘 끝에만 찔려도 호들갑을 떠는 사람을 말없이 뉘우치게 하는 길. 핏줄처럼 이어진 길이 고맙고 정다운 이유다.

바람은 신의 숨결이다. 때론 거칠기도 하고, 때론 한없이 부드럽다.

간질이듯 옷깃만 스치는가 하면, 바람벽을 할퀴기도 한다.

한 곳에 머무는 법이 없는 것이 바람이다. 늘 가볍다. 더러는 지나치기도 하고, 내키면 제 맘대로 주무르는 바람. 아무리 단단하게 박힌 나무도 뿌리째 뽑을 수 있다. 낮게 피는 풀꽃의 향기를 전하는가 하면, 비 오는 날 우산을 뒤집기도 한다. 심통을 부릴 때면 아우성처럼 소리를 동반하기도 하지만 그는 뒤끝이 없다. 어떤 날은 살랑살랑 애교를 부려도 교태스럽지 않다. 한 시도 같은 모습이 아니지만 바람이 낯설지 않은 이유다.

사시사철 그런 바람을 만날 수 있는 길이 '대왕암 솔바람길'이다. 이 길은 산업의 현장에서 시작하여 산업의 현장에서 끝이 난다. 그러나 그 사이에는 역사가 고스란히 녹아 있다. 아름다운 자연경관이 가득하다. 이런 것들을 품듯 자리한 현대중공업과 미포조선은 선박을 건조하고 보수하는 산업의 현장이면서 울산의 현재며 대한민국의 미래다. 그것을 증명이라도 하듯 오늘도 역동의 망치소리가 끊이지 않는다. '대왕암 솔바람길'의 시작과 끝에서 듣는 망치소리는 유구한 역사가 된 과거를 깨우는 소리임을 깨달을 수 있다.

이런 길에는 망치소리만 들리는 것이 아니다. 바위구멍이 내는 소리며, 안개를 훑는 소리도 있다. 뱃고동 소리의 여운은 눈길을 수평선 너머로 향하게 한다. 해와 달을 맞는 벅찬 감동이 살아있고, 솔향기를 실은 바람의 은근한 자극이 무시로 스치는 '대왕암 솔바람길'. 책으로 내려니 편의상 코스를 나눴지만 굳이 코스에 구애받으며 걸을 필요는 없다. 다만 풀숲에서 일어나는 이야기를 들으려면 느긋하게 걸어야 한다. 솔숲에서 흘러나오는 이야기를 주우려면 걸음이 빨라서는 안 된다. 길목마다 숨은 이야기를 읽어내고, 바람결이 풀어내는 이야기를 들으려면 부디 천천히 걸을 일이다.

어떤 일이든 즐겁게 하자는 것이 나의 소신이다. 일부러 즐기자는 생각을 갖는 것도 그 때문이다. 그러나 대왕암 솔바람길은 그런 최면을 걸 필요가 조금도 없었다. 아름다운 명소를 돌아보는 것만으로도 행운이었고 즐거움이었다. 뜨거운 뙤약볕아래를 걸으면서도 즐거웠던 길. 그 길을 걸었던 이야기를 끝내자니 시원섭섭하다.

처음부터 끝까지 아름다운 길 안내를 해주신 장세동 동구문화원 지역사연구소장님께 감사드린다.

차례

3코스 – 사람의 자취를 더듬으며(섬끝마을~예전부두)

1코스

역사의 향기를 따라서
(미포해안 ~ 일산해수욕장)

"

바람이 설렁 불 때마다 어풍대로 풍겨오는 짭조름한 갯내음도 싫지 않다. 어풍대의 맑고 아름다운 경치는 시대가 달라도 많은 이들의 마음에 진한 감동을 일으킨 모양이다. 어풍대에서 보는 교교한 달빛도 그때나 지금이나 다르지 않을 것이다. 어쩌면 변함없는 달빛의 교교함이, 어풍대의 정경과 거기서 느낀 정감을 노래한 선비들의 많은 시가 어풍대를 왕의 화려한 나들이 코스로만 인식하게 하는지도 모른다.

"

동구의 소리를 찾아서

동구에는 특별한 것이 있다. 소리다. 동구의 소리는 과거와 현재를 이어주는 소리다. 역사와 역동, 생태까지 아우르며 미래까지 끊이지 않을 것이다. 지구가 공존하는 한 사람과 자연까지도 하나로 이어줄 것이다. 이 소리는 동구의 길목에서 들을 수 있는 것들이어서 대왕암 솔바람길을 더욱 정겹게 해줄 것이다.

사람은 오감을 통해 모든 것을 느낀다. 자신에게 오는 감각을 신체에 있는 감각수용기의 종류로 분류한 것이 오감이다. 각 수용기는 특수한 자극만을 받아들여서 흥분하는데, 대체로 다섯 군데로 나눈 것이다. 눈, 귀, 코, 혀, 피부에 닿는 정도에 따라 쾌감과 불쾌감을 느끼게 되는데 그 중 소리로 감지해 내는 감각이 청각이다. 귀로 듣고 느끼는 것으로 가장 오래 기억을 장악하는 감각이기도 하다. 실제로 무서운 장면을 보면서 느끼는 공포감은 음향효과에 따라 그 정도가 달라진다.

반면 아름다운 소리는 마음을 안정시키기도 하고, 달뜨게도 한다. 음악회에서 받은 감동이 오랜 행복감을 주는 예는 많다. 시낭송을 듣는 사이 그리던 곳으로 여행을 하는 상상을 하기도 한다. 소리는 인간에게 좋은 음악의 청취나 대화를 가능하게 한다. 더불어 감성적인 부분에 영향을 미치면서 신체적으로도 많은 영향을 준다. 이러한 여러 가지 측면을 활용하여 질병 치유와 예방에 사용하는 소리요법도 있다.

소리요법은 유럽에서 발전되었다. 인간의 뇌와 신경은 특정 주파수의 소리를 들으면 자극을 받는다. 이런 현상에 기초한 소리요법은 이미 많이 쓰이고 있다. 뇌파를 안정시키는 방법으로 음악이나 자연의 소리를 활용하는 것이다. 정신적 안정과 집중력 향상을 꾀하는 음악요법은 좋은 예다. 자연의 소리를 그대로 담은 자연 음악이나 우리 전통 음악, 사물놀이 등 신명나는 음악, 특별한 목적으로 녹음된 명상 음악이나 건강 음악 등이 음악요법의 좋은 자료로 쓰인다.

동구는 '조선업의 메카'로 잘 알려져 있다. 그 때문에 여행지로서는 인정을 받지 못했다. 오히려 '관광불모지'로 인식되어 온 것이 사실이다. 산업발달로 경제적인 여유는 얻어냈지만 천혜의 관광자원을 안고 살면서도 마치 황무지취급을 받았다고 해도 과언이 아니다.

실제로 조금만 관심을 갖고 들여다보면 관광불모지라는 것이 얼마나 큰 오해와 편견이었는지를 금세 알게 된다. 이것은 마치 반구대 암각화를 비롯한 자연관광자원이 공업도시라는 견고한 오명에 가려졌던 울산광역시의 이미지와 흡사하다. 울산시 동구에는 신라고찰인 동축사를 비롯 주전봉수대, 마성 등의 문화유적이 적지 않다. 그뿐이 아니다. 명품 일출과 월출 명소로 꼽히는 대왕암과 일몰명소로 꼽히는 꽃바위며 화암추등대는 그 명성만으로도 사람들을 불러들이는 곳이다. 주전 몽돌해안과 일산해수욕장, 슬도 등도 명품관광지로 알려진 지 오래다.

여기에 최근 탄생한 '9개의 소리'도 관광자원이다. 역사성 · 역동성 · 생태성을 갖춘, 소리들로 울산시의 동구에서만 들을 수 있는 특별함이 있다. 신과 사람이 어울려서 만든 소리병원인 동구가 '소리가 있는 오감만족 여행지'로 새롭게 태어난 셈이다. 무엇보다도 '소리'를 관광자원화한 사례는 울산 동구가 처음이라는 것도 의미 있는 일이다. 이는 동구청이 보는 것뿐만 아니라 듣는 것도 관광자원이 될 수 있다는 데서 착안해 '동구의 소리'를 발굴한 덕분이다.

'동구의 소리'는 모두 아홉 개다. 역사성을 감안한 것으로는 동축사東竺寺 새벽 종소리竺庵曉鐘(축암효종), 울기등대 무산霧散 소리(안개가 끼었을 때 등탑에서 보내는 소리), 슬도瑟島의 파도소리瑟島鳴波(슬도명파)가 있다. 현대중

하늘에서 본 울산동구(2009)

공업 엔진소리, 출항하는 뱃고동소리는 역동성을 느낄 수 있는 소리다. 생태성을 감안하며 들을 수 있는 소리로는 마골산 숲 바람소리, 옥류천 계곡 물소리玉洞淸流(옥동청류), 대왕암 몽돌해변의 물 흐르는 소리, 주전 해변의 몽돌을 쓰다듬는 파도소리가 있다.

동구의 소리를 음미하면서 그 소리의 발원지를 찾아 떠나 보자. 발자국 소리에 묻히지 않도록 귀로 듣는 여행의 첫발을 내디뎌 보자. 첫발을 내디딜 곳은 현대중공업 산업현장 속으로 사라진 곳인 낙화암과 홍상도다. 그런 만큼 옛 기억을 더듬듯 훑어볼 수밖에 없겠다.

꽃처럼 살다간 애희, 붉은 치마로 떠오르다

낙화암落花巖과 홍상도紅裳島

낙화암은 전국 여러 곳에 있다. 이름에서 느껴지는 감정은 여러 가지다. 누구도 알아주지 않으나 홀로 충절을 지킨 여인의 쓸쓸함 또는 풍전등화 같은 나라의 안위에 대한 안타까움이다. 생을 제대로 꽃피우지도 못한 채 져버린 데 대한 가엾음이기도 하다.

익히 알려진 곳으로는 부여와 진주의 낙화암이다. 부여의 낙화암은 삼천이나 되는 궁녀들이 무리지어 떨어졌다. 부소산의 벼랑에 올라 백마강 물줄기에 꽃송이처럼 몸을 날린 궁녀들의 모습에서 붙여진 이름이다. 진주 남강의 촉석루 아래도 낙화암이 있다. 논개가 조선을 침공한 왜국의 적장을 끌어안고 뛰어내린 바위다. 깍지 낀 손가락이 빠지지 않도록 손가락마다 옥가락지를 낀 까닭에 논개도 적장과 함께 목숨을 잃었기에 그 충절을 기려 의암義岩이라 부르는 곳이다.

이처럼 낙화암은 대부분 죽음과 맞닿아 있다. 그 때문에 강한 의지를 가진 바위임에도 낙화암은 어딘지 애처로운 느낌을 풍기는 이름이 되

낙화암 쌍바위

었다. 그러나 이는 우연의 일치일지도 모른다. 바위는 유구한 세월을 한 자리에 머물렀다. 낙화암이란 이름이 젊은 여인들의 투신으로 붙여진 이름이라면 그 이전의 이름도 있었을 터.

울산의 낙화암은 1970년대 초까지만 해도 동구 주민들에게 쉼터 역할을 했다. 봄날이면 여인들이 화전놀이를 했고, 지역 내 초등학생들이 봄 · 가을소풍을 가던 명소 중의 한 곳이기도 했다. 1970년대 초, 현대중공업이 건립되면서 일대는 공장부지에 편입되었다. 해안과 숲, 마을과 자연, 그 속에 담겨진 수천수백 민초들의 삶의 애환이 서린 역사와 함께 농어촌의 모든 풍경들이 한꺼번에 산업현장의 망치소리로 대체된 것이다. 더불어 그 곳에 숨은 이야기도 토막이 나서 명분이 없는 어린

낙화암시

기녀의 실족사로 떠돌고 있다.

낙화암 아래는 희고 보드라운 모래벌판이 펼쳐져 있었다. 여기에 햇살이 쏟아지면 눈이 부실 정도였다. 가히 명사십리明沙十里라 불릴 만했다. 그 주변으로 옹기종기 모여 있던 촌락들은 한적한 바다풍경을 더욱 평화롭게 했다. 동면 8경의 낙화백사落花白沙였다. 낮에도 인적이 드물어서 해변으로 밀려왔다 사라지는 파도소리가 구슬펐던 곳.

지금은 비록 현대중공업의 영빈관 한 구석으로 자리가 옮겨졌지만 낙화암 석벽에 새겨진 몇 줄의 암각시는 아직도 살아있다. 암각된 시가 어렴풋하게 전하는 전설 두 편만으로 낙화암의 존멸을 짚어볼 수밖에.

忽逢海村女 홀연히 바닷가 여인을 만났는데
乂手喚麻姑 합장을 하고 마고할미 부르더니
過劫鯨濤外 몰아치는 고래 등 같은 파도 건너편으로 가서는
翠岩曾見無 푸른 바위에 다시는 나타나지 않네.

元有永*

太僕提擧楓皐金公 聞此作戲爲海女 答曰

태복제거 풍고 김공께서 이것을 듣고 해녀를 위하여 글을 지어 답하니

* 元有永: 1828~1830년 사이 울산의 감목관을 지낸 것으로 추정.

奉答牧官前 삼가 원님께 올립니다.

官閑聊戲劇 원님이 한가하신지 희극을 즐기십니다.

妾身非麻姑 신첩은 마고가 아닙니다.

安能見此石 어찌 이 바위에 나타날 수 있었겠습니까?

(위의 두 구절은 현대중공업 영빈관 뜰 앞 바위에서 탁본하였다.)

마고할미, 꽃을 던지다

먼 옛날 세상은 어둠뿐이었다. 해도 달도 없는 세상에는 오직 마고할미만이 살고 있었다. 몸집은 한반도의 크기와 같았다.

깊은 잠에 빠졌던 마고할미가 눈을 떴다. 오줌이 마려웠던 것이다.

"아음~ 잘 잤다."

마고할미가 하품을 했다. 그 소리가 얼마나 컸던지 사방에서 우르르 소리가 났다.

마고할미가 몸을 뒤척이자 땅이 갈라졌다. 그 바람에 마고할미가 받치고 누웠던 하늘도 내려앉았다. 큰 휘장 같은 하늘이 마고할미의 몸을 덮었다.

"이크! 내가 덤벙댔구나."

마고할미는 조심성 없었던 것이 민망해서 머리를 긁적였다.

"넌 좀 올라가거라."

내려앉은 하늘 한쪽을 떠받쳤다.

하늘은 마고할미의 손톱에 긁혀 찢어졌다. 마고할미의 손톱은 새의 부리처럼 날카로워서 손톱에 닿기만 하면 무엇이든 찢어졌다.

"이키!"

찢어진 하늘 조각 사이로 해와 달이 얼굴을 내밀었다. 마고할미가 양손에 해와 달을 받아들자 세상이 환해졌다. 마고할미는 해와 달을 적당한 거리를 두고 하늘의 벽에 붙였다.

찢어진 하늘의 틈으로 별들도 차르르 쏟아졌다. 마고할미는 맑은 소리를 내며 쏟아지는 별들을 양손으로 받았다. 별들을 쥔 양손을 겹쳐서 몇 번 흔들었다. 유리구슬처럼 잘그락거리는 소리를 내는 별들을 입안에 넣은 마고할미는 얼른 찢어진 하늘 조각을 기웠다. 여전히 여기저기 늘어진 채였지만 하늘은 기운 흔적조차 없이 말끔해졌다.

"푸투투툿~"

마고할미는 입에 넣어두었던 별들을 하늘에 대고 뿜어냈다. 별들은 제각각 자리를 잡기 시작했다.

"아우~ 오줌 싸겠다."

하늘이 무너지는 바람에 잠시 정신을 빼앗겼던 마고할미는 몇날 며칠 오줌을 누었다. 몸을 가득 채웠던 오줌이 다 빠져나가자 마고할미는 몸이 가벼워졌다.

마고할미의 오줌줄기는 갈라진 땅의 틈을 타고 굽이굽이 흘러들었다. 오줌줄기가 땅 사이로 흐르는 사이 찌꺼기는 거름이 되었고, 어느 새 맑은 물만 남았다. 그렇게 남은 물줄기는 동해와 서해로 흘러들었다. 두 물줄기가 함께 만나면서 한반도를 감싸는 바다를 이루었다. 가늘게 갈라진 오줌줄기가 만든 것은 강과 시내였다. 오줌줄기가 패고 지나간 자리를 경계삼아 들과 산이 만들어졌다.

"음~ 버릴 것이 하나도 없군."

자신의 오줌줄기가 만들어낸 땅과 물의 모습을 보자 마고할미는 흐뭇했다. 그런데 햇살이 너무 뜨거웠다. 땅 위의 모든 것이 머지않아 다 타버릴 것만 같았다.

"이제 일을 해볼까?"

마고할미는 깔고 누웠던 마麻를 손질하기 시작했다.

길고 뾰족한 손톱으로 벗긴 껍질은 여기저기 던져서 산을 만들었다. 푸른 산이 금세 만들어졌다. 깨끗하게 벗겨낸 마는 가늘게 찢어서 백두산과 한라산에 걸쳐둔 베틀에 걸었다.

마고할미는 부지런히 베를 짰다. 가늘게 찢은 마는 어느 새 얇고 촘촘하면서도 질긴 망이 되었다. 마고할미는 그 망을 하늘 가장자리에다 대고 꼼꼼하게 기웠다. 타는 듯한 열기는 가려지고 환한 빛만 남게 되었다.

"사람들은 두고두고 나를 떠올릴 테지?"

흐뭇해진 마고할미는 등을 돌려 입김을 후, 불었다. 입김을 분 곳의 울퉁불퉁한 봉우리들이 흩어지면서 너른 벌판이 되었다. 그 곳을 사람들은 만주 벌판이라고 불렀다. 높이가 똑같은 봉우리들을 잡아당기기도 하고 손가락으로 살짝 누르기도 했다. 그렇게 만들어진 산의 모양과 높이들은 모두가 달랐다.

땅과 하늘을 맘껏 주무르는 일도 시들해졌다. 하늘을 가릴 망을 짜고 남은 실 조각들이 심심풀이를 찾던 마고할미의 눈에 띄었다. 옳지, 속으로 중얼거리며 실 조각들을 이어서 크고 작은 꽃 모양을 만들었다.

"너희는 맨 처음의 종자種子, 너희가 자리한 곳은 나날이 새롭게 태어나리라."

마고할미는 그 꽃들을 가볍게 뿌렸다.

마고할미가 뿌린 크고 작은 마꽃들은 바다에 떨어졌다. 물길을 따라 흐르던 꽃 중 한 송이가 방어진 해안에 닿았다. 시들 줄 모르던 마꽃은 그 곳에 자리를 잡았다. 그 이야기를 아는 사람들은 그 곳을 낙화암이라

미포 명사십리

부르며 아주 신성시하였다.

낙화암은 마고할미가 던진 꽃이 자리한 곳이다. 마고할미는 세상을 만든 거대여신이다. 몸의 움직임대로 산과 바다, 강, 섬과 성들이 만들어졌다는 전설이 전한다. 오랫동안 여성은 약자였다. 법보다 관습이 앞서던 시대는 힘이 약한 여성들을 억누르고 유린하기도 했다. 여성의 인권유린은 참으로 여성성이 강하지만 세상을 만들어낸 마고할미가 알면 노할 일이 아닐 수 없다.

애희愛嬉, 꽃처럼 피어나다

세월이 흐르면서 낙화암은 마고할미의 창조 전설보다 절경으로 이름이 드높았다. 시인묵객들에게 글의 소재가 된 것은 자연스러운 일이다. 선비들이 모여들면서 담소를 나누는 쉼터가 되기도 했고, 시회詩會를 여는 장소가 되기도 했다. 그와 함께 지방 관리들이 풍류를 즐기기 위해 찾는 명소로도 이름을 날렸다.

그러던 것이 어린 기생 애희의 죽음으로 그 이름을 다시 한 번 깊이 새기게 된 것이다. 애희가 한恨 많은 생을 짧게 마감한 것은 부패한 관리들 때문이다.

애희는 무척이나 어여뻤다. 아직은 동녀에 불과했지만 어머니의 모습과 아주 흡사했다. 동그란 두 눈은 투명하리만치 맑고 깨끗했다. 애희와 눈이 마주치면 어른도 아이도 마음이 맑아지는 느낌을 갖곤 할 정도였다.

눈처럼 하얀 살결에 작고 오뚝하게 솟은 콧날도 애희의 미모를 돋보이게 했다. 어른들의 말에 오물거리며 움직이는 입술은 유난히 붉었다. 그 또한 하얀 얼굴빛을 더 깨끗하게 했다. 공손하게 대답하는 애희의 입술은 귀여웠지만 품격이 느껴졌다.

굳이 장신구를 달지 않아도 애희의 이목구비는 어떤 장신구보다 더 아름다웠다.

애희의 아버지는 조선시대 초군에 속한 말단무관인 종9품 초관哨官이었다. 초군은 임진왜란이 발발한 후에는 속오군束伍軍으로 바뀌었던 지방 군대였다. 속오군으로 바뀌기 전까지 초군이 하는 일은 외침으로부터 지방을 보호하는 군대 역할이었다. 나중에 속오군으로 개명을 하면서 지방의 주민들 대부분이 편입되었다. 병농일치제가 되면서 평상시에는 농사일과 무예훈련을 병행하다가 비상시에는 국가 방어에 동원하기 위한 조치였다. 속오군의 군원은 따로 임금이 없었고, 베나 무명 따위를 수고비조로 주었을 뿐이다.

초관은 달랐다. 초관은 초군의 기본 단위인 초를 지휘하는 하급지휘관이었다. 기본 단위라고는 하나 초관의 휘하가 100명이었으니 사실은 대단한 권력을 가진 지위였다. 물론 보수가 많은 것은 아니었지만 지방에서는 부러움을 살 만한 직책이었다. 잘 훈련된 중앙의 군사들과는 달라서 오합지졸인 경우도 많았으나 애희의 아버지 부대는 달랐다. 청렴하고 기백이 뛰어난 지휘관 아래 비상시에는 언제든 제대로 훈련된 병사로 탈바꿈할 수 있었다.

무관이라 그런 것은 아니지만 애희의 아버지 신申 초관은 과묵한 사람이었다. 무뚝뚝해 보일 정도여서 지휘관으로서는 적격이었다.

그런 그였지만 어린 딸 애희에게는 누구보다도 자상한 아버지였다. 학문에도 나름의 조예가 있었던 신 초관은 특히 선비들과 자주 어울렸다. 시문을 짓고 감상하는 모임은 군영에서 느끼는 중압감과 외로움을 위로 받기에 알맞았다.

신 초관은 시회詩會 출타 시에 곧잘 애희를 데리고 다녔다.

"아버지랑 오늘 시회에 가련?"

"예! 좋아요, 아버지."

옅은 옥색 두루마기의 고름을 매면서 하는 신 초관의 말에 애희는 폴짝 뛰며 좋아했다.

애희는 아버지를 따라 시회에 가는 일이 즐거웠다. 낭랑한 목소리로 시를 주고받는 어른들의 목소리가 좋았다. 그러나 그보다 더 좋은 것은 시회가 열리는 장소였다. 시회는 미루나무가 빽빽한 남목의 정자에서 열렸다.

미루나무 그늘에서 더위를 씻을 수 있는 것도 좋지만 그보다 더 좋은 것은 매미소리였다. 선비들의 시 읊는 소리에 답이라도 하듯 매미들도 열심히 시를 읽는 것 같았다.

그뿐이 아니었다. 옥류천을 흐르는 물소리 또한 가슴을 시원하게 했다. 어린 애희였지만 미루나무 그늘에서 듣는 매미소리와 옥류천 계곡의 물소리는 세상의 어떤 소리보다 반갑고 정다웠다.

"비록 아버지뻘이긴 하나 선비들만 오시는 데를……."

어머니가 목소리를 낮춰 걱정을 했다. 사람들의 입에 자주 오르내리는 애희의 미모와 영특함이 어머니로서는 썩 달갑지만은 않았다.

"아직 다섯 살밖에 안 된 아인데 어떻소?"

신 초관이 대수롭지 않게 말했다.

아내의 염려를 모르는 바가 아니었다. 그렇지만 애희는 아직 어렸다. 일곱 살도 되지 않았으려니와 자신이 데리고 가는 데서는 모두 딸처럼 귀애할 뿐 어느 누구도 여인으로 보는 이는 없었다.

시회가 열리는 곳은 어김없이 미루나무 숲의 정자였다. 아버지와 함께 말을 타고 읍내에서 남목까지 가는 일이 애희에게는 더없는 즐거움이었다.

"어허! 신 초관의 영애는 나날이 고와지는구먼."

"아무래도 신 초관은 전생에 선녀들에게 머리카락으로 신이라도 삼아 준 모양이지. 모녀가 하나 같이 미인이니……. 하하하."

"부인은 미인인 데다 정숙하지, 어린 딸도 어여쁘기가 항아(달 속에 있다는 선녀) 같은 데다 영특하기까지 하니 여간 부러운 게 아니네."

"맞아! 저런 딸만 있다면 그야말로 열 아들 부러울 거 없을 걸세."

시회에 갈 때면 늘 듣는 글벗들의 말이었다.

늘 듣는 말인데도 애희는 부끄러웠다. 그럴 때면 애희는 아버지의 두루마기 자락 뒤에서 고개만 살며시 숙이며 인사를 할 뿐이었다.

"원~ 사람들도 참~ 싱겁들 그만 떨고 글이나 지어보세."

흐뭇한 속내를 들킬까 봐 얼른 말머리를 돌리는 신 초관이었다.

"소문들 들으셨는가?"

시회에 앞서 한 선비가 좌중의 눈길을 불러 모았다.

"무슨 소문?"

한 선비의 눈길에 불길함을 느낀 사람은 신 초관만이 아니었다. 미루나무 사이에서 시회에 맞출 장단연습이 한창인 매미소리에 취한 애희도 어른들의 말에 귀를 쫑긋했을 정도였다.

"왜놈들의 동태가 심상치 않다던데?"

"결국은 난리가 날 조짐인가?"

두어 선비들의 조금은 불안한 목소리가 한여름의 공기까지 찹찹하게 눌렀다.

"나랏일은 나랏님이 하실 일이고, 우리는 선비로서 글이나 짓다 가세. 저 미루나무 숲에서 매미들이 먼저 시를 짓고 있구먼."

"그뿐인가? 옥류천의 저 물소리 또한 우리의 시문을 기다리고 있으렷다."

잠시의 술렁거림은 글이나 짓자는 다른 선비들의 말에 가라앉았다.

애희도 불안하던 마음이 사라졌다. 아버지가 다른 선비들과 어울려 시를 짓는 동안 미루나무 숲을 혼자서 걸었다. 숲에서 노래하는 매미소리는 언제 들어도 좋았다. 어린 애희는 신산한 세월이 전하는 어떤 불안함도 느끼지 않았다. 짙푸른 미루나무 숲에서 시끄럽지 않게 노래하는 매미소리를 듣노라면 마냥 행복할 뿐이었다.

더구나 아버지와 친구들이 유정만선楡亭晩蟬을 노래하는 평화로운 일상이 아닌가?

"아버지, 미루나무 정자에서 듣는 매미소리가 참 좋아요."

시회에서 돌아오는 길에 애희가 또랑또랑하게 말했다.

"가히 절경이라 할 만한 풍광이지. 사실 소리가 경치가 될 수는 없으나 시각적인 것만을 경치라 일컬을 수는 없는 법, 귀로 듣는 경치야말로 얼마나 많은 걸 느끼게 하는지를 아는 너는 당대의 시인을 무색케 하는구나."

아버지의 칭찬에 애희는 가슴이 벅찼다.

이렇듯 아버지의 모임을 따라다닌 것이 꽤 여러 번이었다. 그러는 사이 애희는 제법 글을 짓게 되었다. 어머니는 이런 애희가 늘 염려스러웠다.

"여인이 글을 알면 단명하거나 팔자가 드세다던데……."

"거 무슨 당치않은 소리요? 아는 걸 제 고집대로 행하려는 욕심 때문에 지식을 지혜로 승화시키지 못해 실패한 여인들의 전철을 애희는 결코 밟지 않을 거니 염려 마시오."

아버지는 단호했다.

"하지만 글을 알아 뭣에 쓰려고요. 벼슬을 할 사내도 아닌 것을. 그저 몸으로는 삼종지도의 부덕이나 익히고 마음으로는 내훈이나 열심히 익히면 좋으련만."

"그런 도리들도 글을 알면 더 가치 있게 행할 수 있는 법."

어머니는 아버지의 뜻에 더 이상 토를 달지 않았다. 결혼을 한 이상 지아비의 말에 순종하는 것은 삼종지도의 으뜸이다. 어머니는 그런 생각이 머리와 가슴에 피처럼 흐르는 사람이었다.

애희는 도를 넘지 않았다. 어머니 앞에서는 여인의 예를 익히는 데 조금도 소홀히 하지 않았다. 아버지와 함께 할 때도 최선을 다했다. 무엇보다도 시를 읊고 책을 읽는 일이 즐거웠다. 그러는 사이 밝은 성격이면서도 단아한 어머니의 성품과, 과묵하면서도 호쾌한 아버지의 기백을 적당히 닮은 애희는 여성스러우면서도 당당한 소녀로 자라나고 있었다.

애희, 꽃샘추위에 시달리다

애희의 행복은 오래 가지 않았다. 왜란이 난 것이다. 방어진은 염포항과 가까운 곳이라 왜군의 침략이 많았다. 사력을 다했지만 초군의 희생은 컸다. 신 초관도 7년 전쟁에 목숨을 잃었다.

전쟁은 민심까지 흉흉하게 했다. 민초들은 왜군의 칼 아래서 살아남기 위해 수단과 방법을 가리지 않았다. 한 마을 사람들끼리 약탈을 하는 것은 비극이었고 무고꾼의 눈빛은 섬뜩함이었다.

신 초관이 죽은 애희의 집은 그야말로 풍전등화였다. 자신들의 안위를 위해 싸우다 목숨을 잃었다는 걸 모르는 주민들은 없었다. 그렇지만 현실은 살벌했다. 당장 입에 풀칠할 일이 급한 사람들 중에는 왜인들에게 빌붙으려고 하는 이들까지 있었다. 그들의 눈에 무관이었던 가장을 잃은 애희 모녀는 좋은 표적이었다.

불안한 낌새를 알아챈 어머니는 애희를 데리고 친정이 있는 청도로 피난 갈 준비를 했다. 그러나 겨우 준비를 끝냈을 때 들이닥친 왜인들의 손아귀에 어머니는 한 떨기 꽃처럼 힘없이 꺾이고 말았다. 공포에 질린 채 숨어서 어머니의 처절한 모습을 본 것은 애희가 열 살 때였다.

왜인들이 돌아간 뒤 수치심에 치를 떨던 어머니는 조용히 자결을 했다. 어린 딸을 외가에 데려다 줄 것을 행랑어멈에게 당부한 뒤였다.

그러나 어린 나이에 부모를 한꺼번에 잃은 애희의 운명 또한 그다지 좋을 수는 없었다. 행랑어멈은 애희를 자신의 딸로 분장을 시켰다.

"애기씨, 미안해요."

행색이 초라하게 보이도록 때가 꼬질꼬질한 옷을 입히면서 행랑어멈이 말했다.

그럼에도 보얀 얼굴이 어찌나 고운지 당장 눈에 띌 것 같았다. 좀 더 지저분하게 보이도록 얼굴과 손에 재도 묻혔다. 더러운 옷에 꾀죄죄하게 만든 몰골인데도 애희는 아리따웠다. 도톰한 입술과 작고 오뚝한 콧날, 또랑또랑한 눈빛만은 무엇으로도 감출 수가 없어서 행랑어멈은 머리부터 보자기를 둘러씌웠다.

그렇게 해서 겨우 집을 나섰지만 애희는 멀리가지 못해서 잡히고 말았다.

"오호~ 씻기면 미색이 대단하겠는걸."

애희가 둘러 쓴 보자기를 들춘 왜병이 음흉하게 웃었다.

"무슨 소리냐, 이놈! 이제 겨우 여덟 살밖에 안 된 아이한테."

행랑어멈은 일부러 애희의 나이를 두 살 줄여서 말했다. 그 말에는 종답지 않은 기품도 스며 있었지만 위력은 바람에 날리는 나뭇잎의 바스락거림보다도 못했다.

조선 땅을 마구 짓밟고 조선백성들을 마소 다루듯 하던 왜군들은 얼마 후 물러갔다. 관아를 장악하고 있던 왜병들은 달아나면서도 애희를 데리고 가려고 했다. 영민한 애희는 눈치를 채고 의심을 피하려고 고분고분 응하는 척하다가 왜병들이 혼비백산한 틈을 타서 관아의 대숲으로 도망을 쳤다.

왜군들이 물러간 뒤 애희는 관가에 붙들렸다. 신분을 밝히고 억울함을 호소했으나 소용이 없었다.

"왜놈들의 시중이나 들던 너를 살려두는 것만 해도 천행인 줄 알아라. 후일 천운이 따른다면 관기로 삼으리니."

부사의 명령은 추상같았다. 다시 기회를 엿보리라 여기며 단념할 수밖에는 다른 도리가 없었다.

애희는 관기들의 처소로 가게 되었다. 그 곳에서 나이든 기생들의 잔심부름을 했다. 관기가 될 처지였지만 우선은 어깨너머로 기생수업이나 하라는 처사였다. 그렇게 두어 해가 지나도록 애희는 기적에 이름이 오르지 않았다. 나이가 워낙 어렸던 덕분이었다.

그러는 사이 아버지와 시문을 나누던 글벗들 중 두엇이 그 지방관아로 왔다. 그 중 한 벗은 새로운 부사로 부임을 했다. 애희가 끌려온 지 삼 년만이었다. 애희는 다행이라 여겼다. 왜군들도 물러간 뒤였다. 무엇보다도 아버지의 글벗이 부사라니 마음이 놓였다. 누구 하나 자신을 돌봐 줄 사람이 없는 집이지만 돌아갈 수 있다는 희망이 생겼다. 비록 천애고아가 되었지만 부모님의 기일이라도 맘껏 챙길 수 있다는 기대가 아지랑이처럼 고물고물 피어올랐다.

이제 부사에게 청을 넣기만 하면 들어줄 것 같았다. 그렇지만 그 역시 헛된 바람일 뿐이었다. 부사를 만날 길은 막막하기만 했다. 섣불리 부사를 아는 척할 수도 없었다. 도무지 운명은 달라지지 않을 것 같은 것이, 어수선한 가운데서도 관아에서는 관기들의 관리에만은 철저했다. 애희가 도망칠 길은 없었다.

몇 달이 지난 뒤 나이든 기생들의 빨래를 하러 나섰던 애희의 눈에 부사의 행차가 띄었다. 부사는 목장과 군영을 둘러보러 나서던 중이었다. 그것을 본 애희는 반가웠다. 새로운 살 길이 열린 것만 같았다.

오매불망 부사와 대면할 기회만 노렸던 끝이었다. 두 번 다시 기회는 오지 않을 것 같았다. 기생도 노비도 아닌 잔심부름꾼에 불과한 애희로서는 부사를 대면할 기회조차 없었던 터였다.

부사의 행차가 개울 앞을 지날 때였다. 돌부리에 걸린 척 애희는 일부러 빨랫감을 엎었다.

"이게 무슨 짓이냐?"

말고삐를 잡은 나졸이 애희를 걷어차려고 할 때였다. 부사가 말렸다.

"아서라, 돌부리에 걸려 넘어진 것 같은데 그냥 두거라."

"저를 모르시겠사옵니까?"

"뭐라? 네가 나를 아느냐?"

기회다 싶어 다짜고짜 말꼬를 튼 애희에게 부사가 되물었다.

"저는 초관 벼슬을 했던 신 아무개의 여식 애희라 하옵니다."

"가만! 그런데 네가 살아 있었더란 말이냐?"

"부모님이 억울하게 세상을 뜨신 뒤 왜인들에게 끌려와 관기가 되어야 할 처지이옵니다."

애희는 저간의 사정을 아뢰었다.

눈물이 마구 쏟아졌다. 부사가 자신을 알아보았다는 사실에 목이 메었다. 살 길이 생겼다는 기대와 그간이 설움이 겹쳐 흐르는 눈물이었다.

"관기가 될 처지라……. 그런데 그 몰골은 무엇이냐?"

"하온데, 소녀 어렸던 터라 아직 기적에는 이름이 오르지 않았사옵니다. 하여 잔심부름만 하며 지내고 있었사옵니다."

부사가 애희를 이윽히 내려다보았다.

"그래? 네 뜻은 잘 알겠다. 보다시피 지금은 출타 중이니라. 돌아와서 처결할 테니 기다리고 있거라."

부사일행이 관아를 벗어날 때까지 애희는 흐느꼈다.

부사는 애희를 유난히 예뻐했던 아버지의 글벗이었다. 자신이 관기가 될 신분이 아님은 누구보다도 잘 아는 사람이었다. 그런 만큼 자신의 처지를 헤아려 주는 것은 당연했다. 그럼에도 부사의 따뜻한 눈길과 힘이 느껴지는 약속이 눈물겹게 고마웠다.

어쩌면 많지 않지만 억울하게 빼앗긴 아버지의 전답까지도 찾아줄 거라는 기대도 생겼다. 혼자 남았지만 부모의 제사를 지내면서 비로소 사람답게 살 수 있게 된 것이다. 이런 생각으로 보내자니 종일 몸이 새털처럼 가벼웠다. 오늘만 지나면 그리던 집으로 돌아간다는 생각에 어떤 일도 힘들지 않았다. 기다리는 하루는 길고도 길었다.

그런데 이상한 일이었다. 다음날이 되어도 또 다음날이 되어도 애희에게는 아무런 기별이 없었다. 부임한 지 오래지 않아 처리할 일이 많으려니 여기며 조금 더 기다리기로 했다. 무심하게 흐른 일일여삼추의 날들이 그럭저럭 달포가 지났을 때였다.

기생청에서 나온 나이든 기생이 애희를 데리고 갔다.

"너는 반가의 여식이라 예의범절도 익혔고, 시문과 서화에도 능하다고 들었다. 그러니 가무歌舞만 조금 익히면 되겠구나."

나이든 기생은 애희에게 고운 옷을 입히며 가무를 가르치겠다고 했다. 애희는 어리둥절했다. 자신은 부사가 곧 방면해 줄 것이란 말도 했다.

나이든 기생은 딱하다는 듯 서글프게 웃었다.

"부사께서 그런 약조를 하셨더냐? 나에게는 '관기가 될 아인데 어찌 기적에 이름이 없을 수 있다더냐?' 꾸짖으시더니 당장 기적에 이름을

올리라시며 네 이름을 가르쳐주셨다."

"그럴 리가 없습니다."

"네가 특별히 부탁했다더구나. 아직도 기적에 이름이 오르지 않았다고."

애희는 기가 막혔다. 부사가 자신의 말을 잘못 이해한 것이라 여겼다. 부사의 검은 속내를 알아채기에 애희는 어리기도 했지만 세상을 너무도 몰랐다.

나이든 기생에게 그런 자신의 마음을 다시 전했다.

"쯧쯧……. 부사께서 진정 네 말을 곡해한 것으로 아느냐?"

애희를 들여다보는 나이든 기생의 눈빛에 측은함이 가득 서렸다.

애희는 절망했다. 아무리 어렸지만 눈칫밥을 먹은 지 삼 년이 지났다. 그제야 나이든 기생의 말이 이해되었다. 눈물이 주르르 흘렀다.

신임부사가 자신을 옛 글벗의 아리땁던 여식으로 기억할 줄 알았던 것은 애희의 끔찍한 착각이었다. 자신을 오로지 시문에 능하고 미색이 빼어난 반가의 여식이라 기생이 되기에 수월하다고만 여기는 부사가 아버지의 글벗이었다니 머리끝이 쭈뼛 설 정도였다.

애희는 절망했다. 차라리 자신의 처지를 알리지 말았어야 했다. 기생이 되어 부패한 늙다리 양반들의 노리개로 살기는 죽기보다 싫었다. 차라리 관노가 되는 것이 낫다는 생각이 들었지만 이미 어쩔 도리가 없었다.

애희, 꽃처럼 지다

얼마간의 기생수업이 끝나자 애희는 부사의 부름을 자주 받았다. 부사의 잠자리를 봐 주고 잔심부름을 하는 정도였지만 애희는 자신의 처지가 비참했다.

부사의 잠자리를 보러 갔던 어느 날이었다.

"흐음~ 어미를 닮아 미색이 나날이 돋보이는구나."

빨간 비단 보료에 한 쪽 팔을 짚은 채 부사가 눈을 가늘게 떴다. 가늘게 뜬 눈이었지만 자신의 몸을 더듬는 부사의 눈길이 느껴졌다.

주변이 먼저 돌아보였다. 고요했다. 밖은 어둠이 내려앉는 때여서 소름이 돋았다. 아직 머리를 얹지 않은 동기童妓였지만 적당히 불콰해진 부사의 눈길이 두려웠다.

"올해 몇 살이더냐?"

"……열셋…이옵니다."

"열셋이라……. 달빛 때문이더냐? 미색이나 몸매만 보아서는 머리를 얹을 때가 된 것 같기도 하다만……."

부사가 재빠르게 잠자리를 펼치는 애희를 보며 아쉽다는 듯 중얼거렸다.

관기가 관리의 수청을 드는 것은 법으로 금하고 있었지만 현실은 달랐다. 언제 부사의 수청을 들어야 할지 모르는 것이 관기의 운명이었다. 고을의 부자들에게 머리를 얹어 주라는 부탁을 하지만 그것은 형식적인 권유일 뿐이었다. 겉으로는 부자가 머리를 얹어 주는 척하며 부사에게 그런 권리를 상납하는 예는 흔했다.

쩝, 소리가 나도록 입맛을 다시는 부사의 표정에 머리끝이 쭈뼛 섰다. 그러나 애희는 내색하지 않았다. 당황한 표정을 보여서는 안 된다는 생각에 멈칫거리면서도 제 할 일을 얼른 끝냈다. 뒷걸음질로 조심스럽게 물러서던 때와 달리 애희는 홱, 돌아서서 얼른 방을 나왔다.

가슴이 마구 벌렁거렸다. 동녘에 휘영청 솟은 밝은 달이 애희의 그림

자를 길게 늘여놓았다. 고달픈 세월과 한 많은 처지가 싫어 굶기를 밥 먹듯 하는데도 점점 여인이 되어가는 자신이 미웠다.

세월은 무심히 흘렀다. 임진왜란이 끝난 지 다섯 해가 지났지만 세상은 여전히 뒤숭숭했다. 한 번 침략으로 상처 입은 것은 조선의 산천초목과 풀뿌리 같은 백성들뿐이었다. 관리들의 부정부패는 여전했다. 한양에서 권력을 잡기 위한 당파싸움에 조용할 날이 없는 만큼, 지방에서는 집권 세력에 빌붙으려는 관리들의 줄타기가 공공연했다. 뇌물로 지방의 벼슬자리를 얻어서 내려온 지방 관리들이 백성들의 고혈을 짜내는 수법은 다양했다. 이러한 관리들의 수탈을 견디지 못한 양민들이 집을 버리고 산 속으로 숨어드는 일도 흔했다.

부사도 다르지 않았다. 정사에는 관심도 없고 시회를 핑계 삼은 부사는 모임 때마다 늘 기생들을 끌어들였다. 애희도 언젠가부터 그런 자리에 참석하게 되었다. 아직 머리를 얹는 절차는 밟지 않았지만 비녀는 꽂은 채였다. 애희는 그런 자리가 싫었다. 굶기를 밥 먹듯 하면서도 왜국의 침략야욕에 불안한 백성들은 의병으로 나서던 시절이었다.

나라와 백성의 안위는 안중에도 없는 관리들의 가렴주구에 애희는 분을 삭이기 힘들었다. 나라를 위해 싸우다 죽은 아버지의 호국정신이 세상에 알려지지 않는 건 그다지 억울할 일이 아니었다. 나라와 백성들이 알아주지 않아도 자신이 알고 역사가 아는 일이었다. 다만 아버지의 거룩한 죽음이 무의미하게 느껴질 때면 서운했다.

그러면서도 애희는 청탁과 아부가 오가는 술자리를 마다할 권리조차 없었다. 그런 자신이 가엾어서 죽고 싶어도 차마 죽을 수가 없었다. 왜구와의 전쟁에서 전사한 아버지도 안 됐지만 짐승 같은 왜병의 만행으로 억울하게 죽은 어머니의 원혼이라도 달래 줄 사람은 자신뿐이었다.

낙화암 정면

그 때문에 구차한 채로 목숨을 부지해야 하는 날들이 혐오스러운 적이 많았다.

봄이 막 시작되던 날이었다. 흐드러졌던 매화가 한 잎 두 잎 지고 있던 그날도 낙화암에서 연회가 열렸다. 순시 차 들른 관찰사를 접대하는 자리였다. 관찰사 일행과 지방의 수령방백들 순으로 자리를 잡고 앉았다. 그 사이사이에 고운 옷을 차려입은 관기들이 끼어 앉았다.

"절경이로세. 흡사 신선들이 노니는 자리 같구려."

관찰사가 낙화암 앞으로 펼쳐진 풍광에 절찬을 했다. 마치 그 절경을 자신이 만들기라도 한 듯 부사는 뿌듯했다.

과연 그랬다. 널찍한 낙화암 아래는 하얀 모래사장이 드넓게 펼쳐져 있었다. 낙화백사라 노래할 만한 절경이었다. 그런 데다 적당히 부는 바람에 동해의 푸른 파도가 가볍게 춤을 추어 흥을 돋우었다. 한가로운 갈매기 떼의 날개마저 송림 사이로 비쳐드는 햇살에 반짝였다.

술이 한 순배 돌았다. 악공들의 연주에 관기들의 창이 따랐다. 취흥이 더해졌다. 점잔을 빼던 양반들은 저마다 관기들의 허리를 휘어 감았다.

"호오! 빼어난 미색이로다. 네 머리는 누가 얹었느냐? 그 사람이 누군지 부럽기 그지없구나."

산해진미에 연엽주蓮葉酒를 한 잔 들이켠 관찰사도 자신의 옆에 앉은 애희에게 물었다. 붉은 치마와 녹색 끝동을 물린 노랑 저고리는 애희의 미색을 더욱 청초하게 했다.

"……."

애희는 짐짓 부사를 쳐다보았다.

"부럽소, 부사."

관찰사가 부사를 쳐다본 뒤 애희에게 술잔을 내밀었다.

애희는 말없이 술을 따랐다. 관찰사가 단숨에 술잔을 비웠다. 두 잔을 거푸 비운 뒤에 애희에게 술잔을 내밀었다. 아직 술을 배우지 못했노라는 애희가 관찰사의 눈에는 더욱 매력덩이로 비쳤다.

"기녀가 술을 못 배웠다? 그렇다면 내가 가르쳐 주지."

관찰사는 애희의 허리를 껴안았다. 뿌리치려는 애희의 입을 억지로 벌린 채 술잔을 부었다.

모욕감에 치가 떨렸지만 애희는 술을 뱉을 수가 없었다. 꼴깍, 소리가 나며 술이 넘어갔다. 식도가 타는 듯했지만 관찰사가 내미는 술잔에 또 술을 따라야 했다. 관찰사는 자신이 두 잔을 마신 뒤 다시 애희에게 술을 먹이길 거듭했다. 석 잔의 술을 마신 애희는 정신이 가물거렸다.

"기녀의 도를 제대로 익혔구나. 그리하면 좌중의 흥을 돋울 시나 한 수 지어보아라. 나의 수청을 들 만한 재기가 있는지 어디 한 번 보자꾸나!"

관찰사가 흥이 나서 명령하듯 말했다. 수청이라는 말에 애희는 진저리를 쳤다.

"소녀…정신이 혼미하여 시를…지을 기력이 없으니…평소…에 즐겨 외던 두보…의 시를 한 수 읊어도…되올는지요?"

띄엄띄엄, 그러나 또박또박 말을 마친 애희는 자리에서 얼른 몸을 일으켰다.

능글맞은 관찰사의 손아귀에서 벗어난 것만으로도 정신이 번쩍 들었다. 취기가 오른 듯 비칠거리던 애희는 낙화암 끝으로 갔다. 잘 자란 소나무에 잠시 몸을 기댄 채 아래를 내려다보았다. 푸른 물길을 보고 있으려니 자신의 처지가 한없이 초라하고 가여웠다. 왜구들의 재침을 염려하는 말은 아랑곳도 않은 채 백성들의 고혈로 주색이나 즐기는 벼슬아치들의 뻔뻔함도 한심했다.

'그래! 벼슬아치들의 한심한 작태나 일갈하고 죽어버리자. 내 죽음이 나라의 존망에 득이 되도록 울리는 경종이 되리라.'

짙푸른 물결이 넘실대는 바다에서 고개를 돌린 애희는 관찰사의 대답도 들을 새 없이 시를 읊었다. 당나라 시인 두보의 시 '춘망春望'이었다.

國破山河在 나라는 망가져도 산하는 그대론데
城春草木深 옛 성엔 봄이 와 초목은 무성하네
感時花濺淚 시절에 느껴 꽃에도 눈물짓고
恨別鳥驚心 이별이 한스러워 새소리에도 놀라네
烽火連三月 봉화는 세 달이나 끊이지 않으니

家書抵萬金 집에서 오는 편지 만금보다 귀하네
白頭搔更短 센 머리 긁어 더 빠지니
渾欲不勝簪 도무지 비녀조차 꽂지 못하리

가락을 붙여 시를 읊는 애희는 만고에 없는 절창이었다. 작정한 듯 피를 토하는 소리였다. 술이 취해 정신이 혼미하다는 말은 빈말 같았다.

시를 읊는 애희의 눈에 눈물이 비 오듯 쏟아졌다. 시를 다 읊은 애희는 그대로 붉은 치마를 뒤집어쓴 채 바다로 뛰어들었다.

연석은 발칵 뒤집혔다. 만취한 듯하던 벼슬아치들은 술이 확 깼다. 순식간에 일어난 일이어서 어찌할 바를 모른 채 애희가 뛰어든 바다만 내려다보았다. 누구도 손을 쓸 수가 없었다. 그러는 사이 애희는 몇 번 물위로 솟아오르더니 영영 가라앉고 말았다.

동석했던 관기들의 울음이 터졌다. 함께 뛰어들려는 동기들을 말리는 관졸들까지 섞여서 연회석은 아수라장이 된 채 파하고 말았다.

애희의 시신은 며칠이 지나도록 떠오르지 않았다.

당황한 것은 황망히 돌아간 관찰사만이 아니었다. 부사를 비롯한 지방 수령들은 더욱 전전긍긍했다. 민심의 폭발이 두려웠다.

부사는 서둘러 인근 지역에 방을 붙이라 일렀다. 고매한 선비들의 연회 자리에서 홀로 술을 홀짝거리던 기녀가 제 흥에 겨워 노닐다가 실족사를 했노라는 내용이었다. 그와 함께 몹쓸 기녀의 죽음을 미화시키거나 어느 누구와도 연관 짓지 못하게 철저히 입단속을 시켰다.

그런 처방은 민심과는 무방했다. 아무도 드러나게 떠벌리지는 않았지만 애희의 비통한 죽음은 은밀하게 퍼졌다. 애희가 외웠던 두보의 시까지 함께 떠돌아 그 시를 뜻도 모른 채 외우는 사람들도 늘어났다. 시의 뜻을 아는 몇몇 사람들의 입을 통한 소문은 좀 더 구체적이었다. 관리들의 가렴주구가 어린기녀의 애꿎은 목숨까지 앗아갔다는 소문은, 이렇듯 흐린 날 연기처럼 낮은 곳으로만 퍼졌다. 사람들은 수중고혼이 된 애희가 혼탁한 세상에 염증을 느껴 차라리 용궁을 그리워한 것인지도 모른다며 애달파했다.

여러 날이 지나는 동안 부사는 열 일을 작파하고 사람들의 입단속에만 전력을 기울였다. 혹시라도 자신의 행적이 드러날까 봐 전전긍긍하였다. 가장 신경을 쓴 것이 관기들의 입단속이었다.

그렇지만 소문의 특성은 늘 은밀한 곳으로 흐른다는 것이었다. 숨기려고 하는 것일수록 강렬한 파급력을 갖기 마련이었다. 애희의 죽음에 공감한 관기들이 가만있을 리 없었다. 관기들은 모이면 쑥덕거렸다. 드러내놓고 애희의 이름을 거론할 수는 없었던 터라 빨래를 핑계 삼아 인근의 누런 바위섬 근처로 자주 나갔다. 갈 때마다 애희의 죽음을 애도하는 꽃을 던지곤 했다.

그런 어느 날이었다. 누런 바위섬의 후미진 곳에 크고 붉은 꽃송이가 걸렸다.

"저거 봐. 무슨 꽃이 저렇게나 크지?"

한 기녀가 가리킨 곳에는 바위섬 아랫부분의 절반가량을 뒤덮을 만한 붉은 무엇이 일렁거렸다.

"그 동안 우리가 던진 꽃이 저기로 다 몰렸나?"

"가보자."

기녀들은 바위섬의 후미진 곳으로 조심조심 다가섰다. 마침 물이 빠진 뒤라 바위섬까지 물길로도 닿을 수 있었다.

홍상도

"이, 이게 뭐야?"

"애, 애희… 애희 치마잖아?"

나이 든 기녀가 건져 올린 것은 붉은 치마였다. 기녀들은 깜짝 놀랐다. 그것은 분명 애희가 죽던 날 입었던 치마였다.

"이름 없는 섬에 애희의 치마가 걸린 것도 무슨 뜻이 있을 거야."

치마를 건져 올린 기녀의 말에 다른 기녀들은 애도를 표했다.

애희의 이야기는 부사를 비롯한 관리들만 모른 채 공공연하게 나돌았다. 바위섬에도 이름이 붙여졌다. 흔들리는 나라를 한탄하며 죽은 애희를 기려 사람들은 그 곳을 '홍상도紅裳島'라 불렀다. 홍상도는 미포로 들어가는 입구에 따로 떨어져 있던 돌섬이었다. 그 곳이 지금은 현대중공업의 방파제 건설로 육지와 연결이 되었다.

애희가 입었던 저고리도 노랑보다 녹색의 끝동이 유난히 돋보였다.

그 또한 혼탁한 세상을 비판하는 애희의 짙푸른 혼백처럼 느껴졌다. 녹색소매가 달린 비단저고리가 실려 나온 곳이어서 '녹수금의綠袖錦衣'라 불렀다. 녹수금의는 울산 사투리화가 되면서 '녹수구미'로 다시 바뀌게 되었다.

애희의 죽음 이후 울산고을 벼슬아치들의 주색잡기가 사라졌다고 한다. 사람들은 탐관오리들에게 경종을 울리고자 했던 애희의 뜻이 하늘에 통한 것이라 했다. 아무리 입단속을 시켜 단순실족사로 덮으려 했지만 애희의 의로움은 길이길이 전하고 있다.

마고할미가 꽃을 던졌을 때부터 애희가 몸을 던졌을 때까지 낙화암 아래는 푸른 물결이 넘실대는 바다였다. 그 후로 오랜 세월동안 토사가 유출되고, 파도에 실려 나온 모래가 쌓이면서 백사장이 되었다. 그 풍광이 동면 8경으로 꼽히면서 '낙화백사落花白沙'로 불렸다.

역사가 거듭되면서 바뀌는 것은 인심만이 아니다. 아름답던 풍광이 허물어지기도 하고 새로운 풍경이 생겨나기도 한다. 마고할미의 손끝에서 태어난 낙화암이 허물어진 것은 여간 안타까운 일이 아니다. 아픈 사연을 간직하기도 했지만 그 아름다움은 아직도 많은 사람들의 입에 오르내리고 있다.

마고할미가 꽃을 던진 자리. 동기 애희가 못다 핀 꽃으로 진 자리. 그 자리에 현대중공업이 조선 산업의 꽃을 활짝 피우고 있는 것은 결코 우연은 아닌 듯하다. 발달한 방어진의 물굽이길에 자리했던 낙화암의 흔적과 함께 태고의 창조신화와 아버지의 호국정신을 받은 동기의 의연한 죽음이, 오늘날 거대한 배를 만들어 세계로 수출하는 것으로 위안이나 되었으면 하는 바람이다.

정성으로 얻은 아들

아들바우

미포동 내리에서 주전동으로 넘나들던 길이 있었다. 매우 가파른 벼랑길이었다. 그 길을 따라 가면 거대한 바위 무리가 해변을 지키듯 서 있었다. 그 곳에서 직선거리로 700미터쯤 떨어진 거리에 신기한 바위가 있었다. 높이 10미터, 너비 2미터 가량의 첨성대 모양의 특이한 바위였다. 많은 바위 중에서도 눈길을 끄는 것은 유독 뾰족하게 솟아 있어서였다.

미포와 주전을 오가던 행인들은 이 바위를 보고 발길을 멈추곤 한 마디씩 했다.

"참 묘하게 생긴 바위로군."

"뭔가 영험함이 있는 바위야."

"생김새부터 과연 아들바우답구만."

사람들의 묘한 기대감이 지어낸 이 바위의 이름은 아들바우였다.

아들바우에는 아들을 낳고 싶은 소망을 가진 사람들이 일부러 찾아오기도 했다. 뿐만 아니라 무시로 지나치는 사람들도 작은 소원이라도 빌곤 했다. 아들바우를 지나갈 일이 있는 사람은 먼 곳에서부터 미리 여남은 개의 돌을 주워서 한 개씩 아들바우의 정수리에 던져 얹히게 했다.

하나를 던져 얹히면 그해 운수가 대통이라는 소문까지 났다. 남자가 던져서 얹히면 사업이 번창하고 출세할 운이요, 여자는 시집을 가거나 금은보화를 취하는 대복을 얻는다고 했다. 더 신기한 것은 아들을 낳지 못한 여인의 득남 기원은 깔축없이 통한다는 사실이었다. 과연 아들바우라는 이름이 허명이 아니라는 말이 진실처럼 전해졌다.

이 바위가 아들바우임을 입증하게 된 믿기 어려운 이야기도 실제로 있었다.

최 부자는 미포동 내리에 살던 3대 독자였다. 부부 금슬도 좋아 겉으로 보기에는 부족함이 없었으나 속사정은 달랐다. 많은 재산을 물려줄 자식이 없다는 사실은 최 부자를 주눅 들게 하는 처지였다.

어느 날 일찍 잠자리에 들었던 최 부자는 현실처럼 생생한 꿈을 꾸었다. 꿈속에 점쟁이가 나타나서 하는 말이 하도 해괴해서 노모와 상의를 했다.

"서쪽 편 물가에 있는 처녀에게 장가를 들면 아들을 둘 얻을 것이랍니다."

최 부자의 표정은 단호했다. 비록 꿈속의 일이지만 생생하기도 한 것이 그 말을 무시하면 영영 절손이 될 것 같았다.

"아무리 자식을 얻겠다지만 처녀장가를 든다는 것이 마음에 걸리는구나."

노모는 염려를 했다. 아들은 이미 오십 중반을 넘긴 나이였다.

"단순히 여인을 탐하겠다는 것이 아니지 않습니까?"

최 부자의 말에 노모는 고개를 끄덕였다.

노모는 그날로 수소문을 했다. 아들의 뜻이 곧 자신의 뜻이었다. 며느리 눈치만 볼 일이 결코 아니었다. 며느리를 들이면서 살림이 더욱 포실해진 것은 사실이나 그렇다고 절손의 위기를 보고만 있을 수는 없었다.

그러나 오십 중반의 중늙은이에게 시집을 오겠다는 처녀는 없었다. 미포에서 전하, 녹수, 명덕, 방어진까지 수삼일 동안 수소문을 했으나 허사였다. 하는 수가 없었다. 내리에서 남쪽이면 되겠다 싶은 더 먼 데까지 수소문한 끝에 희소식을 들었다. 염포강 건너 매암동에 사는 이 모某씨에게 과년한 딸이 있다는 것이었다. 그런 데다 최 부자의 얘기를 듣자 혼처만 있으면 아무 데나 시집을 가겠다고 했다.

최 부자는 처녀의 집에 논마지기와 많은 재물을 전했다. 본부인의 몫으로도 따로 재산을 만들어 주었다. 비록 자식은 낳지 못했지만 엄연한 조강지처를 무시할 수는 없는 일이었다.

"아들바우를 찾아가서 돌을 던지고 오시오."

최 부자는 시집온 지 서너 달이 지난 새색시에게 아들바우의 영험함에 대해 이야기를 했다.

새색시는 남편의 말뜻을 알아차렸다. 본부인은 아들바우를 찾지 않았는지 묻고 싶은 걸 꾹 참은 채였다. 그럴수록 아들을 낳고 싶은 마음은 더욱 간절했다.

부부는 목욕재계 후에 아들바우를 찾았다. 가는 길에 당산나무에 부정한 일이 없게 해달라고 빈 뒤 예쁜 돌을 각각 세 개씩 주웠다.

부부는 아들바우 앞 벼랑길에서 돌을 하나씩 던졌다. 새색시가 첫 번째 던진 돌이 신통하게도 아들바우에 얹혔다. 최 부자가 던진 돌도 얹혔다. 새색시가 던진 돌이 한 개 더 얹혀서 부부가 던진 여섯 개의 돌 중에서 세 개가 얹혔다. 부부는 기분이 무척 좋았다.

그날 밤 최 부자는 옥동자를 양쪽 무릎에다 앉히는 꿈을 꾸었다. 꿈은 열 달 후 현실이 되었다. 옥동자를 낳자 집안에는 경사가 났다. 노모는 곳간의 쌀을 꺼내 떡을 만들어 백 집 이상을 나눠 주었다. 아이가 탈 없이 자라기를 바라는 마음이었다.

본처인 이 씨는 마음이 몹시 쓰라렸다. 어째서 수십 년을 산 자신에게는 없는 자식이 후처의 몸에서는 일 년 남짓 만에 생기는지 질투도 났다. 이 씨는 자신의 돌은 한 번도 얹히지 않던 아들바우를 찾아가 다시 돌을 던졌으나 허사였다.

참다못한 이 씨는 아들바우에 욕설을 퍼붓고 돌아섰다.

'더 이상 나는 최 씨 문중에 있어서는 안 될 사람인 게야.'

이 씨는 시댁을 떠날 결심을 했다. 최 부자와 이혼을 하고 친정으로 돌아갔다.

최 부자의 아들이 열 살 무렵이었다. 이상한 소문이 들렸다. 재혼을 한 이 씨 부인이 떡두꺼비 같은 아들을 낳았다는 소문이었다. 그것이 단순한 소문이 아닌 사실임을 안 최 부자는 안타까워했다.

'생기려거든 여기서 생길 일이지.'

최 부자는 이혼한 본처가 안쓰럽고 딱한 끝에 곰곰 옛일을 되뇌어 보았다.

재취를 얻어 부부가 아들바우에 던진 돌이 얹힌 것은 전부 세 개였다. 그 중 하나는 자신이 던진 돌이었다. 그 사이 최 부자에게는 딸이 하나 더 생겼을 뿐 더는 자식이 생기지 않았다. 최 부자는 정신이 퍼뜩 들었다. 자신이 던진 돌이 본처의 아들로 간 것이 아닌가 싶어진 것이다.

그 무렵 최 부자는 돌연 병사했고, 두 해 뒤에 노모도 죽었다. 최 부자의 재취 댁은 정 붙이고 살 데가 없어지자 살림을 정리해서 친정마을 근처로 떠났다.

1970년대 현대중공업 공장부지로 미포동 전체가 편입, 철거되었다. 당시만 해도 있었던 아들바우는 그로부터 15년 후 현대중공업의 부지 확장으로 해안 절경과 함께 사라졌다. 어쩌면 더는 아들을 바라는 사람들이 없어진 것도 아들바우가 사라진 것과 무관하지 않은 것은 아닐까?

찬모의 설움이 숨은 동굴

엉굴안 부엌할매

엉굴안은 바닷가와 접해 있는 천연동굴이었다. 육중한 바위가 크게 입을 벌린 채 바다를 향해 무언가를 토하듯 무시무시한 모습에 사람들은 가까이 가기를 꺼렸다.

굴속은 한낮에도 어두컴컴했다. 어쩌다 비를 만나면 아무리 담력이 큰사람이라도 선뜻 들어가기를 꺼리는 이유였다. 다급한 마음에 들어갔던 사람들의 전언에 의하면 굴안은 온통 그을음투성이였다고 한다. 그러나 엉굴안을 들여다보지 않으려는 이유는 딴 데 있었다. 굴속에 산다는 전설속의 부엌할매 때문이었다.

엉굴안에는 노파가 살고 있었다. 간질병을 오래 앓아온 부엌할매였다. 어린 아이의 간을 꺼내 구워먹는다고 했다. 그것을 본 사람이 있다는 말까지 나돌면서 엉굴안은 더욱 범접할 수 없는 곳이 되어버렸다.

부엌할매는 드난꾼이었다. 살 곳을 찾아서 여기저기를 떠돌던 끝에

심성이 착했던 부엌할매는 부잣집 찬모로 일을 하게 되었다. 그런 어느 날 간질병을 앓게 되었다. 몹쓸 병에 전염이라도 될까봐 지레 겁을 먹은 주인은 부엌할매를 쫓아냈다. 그렇게 쫓겨난 부엌할매는 어디에서도 받아 주지 않았다. 잘 지내다가 갑자기 사지가 뒤틀리면서 입에 거품을 물고 까무룩 정신을 잃는 부엌할매는 보는 이들을 두려움에 떨게 했다.

부엌할매는 그 길로 사라졌다. 어디서도 찾을 길이 없었다. 부엌할매는 모두의 기억에서 조금씩 잊혀졌다.

한창 농번기였다. 마을의 모든 어른들이 바다나 밭으로 일을 하러 나갔다. 해질녘이 되어 돌아온 사람들이 공포에 떨 일이 터지고 말았다. 한적한 미포만의 내리 마을에서 어린아이 하나가 없어진 것이다.

"웬 노파가 아이를 데려갔대."

"입가에 허연 거품을 문 노파가 아이를 업고 가는 걸 봤대."

"입에 거품을 물었다면 부엌할매 아냐?"

"맞아. 자기가 부엌할매라고 했대."

소문은 꼬리를 물면서 점점 구체화되었다.

온 마을이 발칵 뒤집혔다. 마을 사람들은 너나 할 것 없이 아이를 찾아 나섰다. 어디에서도 찾을 길이 없었다. 워낙 작은 마을이었다. 사람들은 금방 마을을 두 바퀴나 돌았으나 아이는 어디에도 없었다.

"오늘은 그냥 자고 내일 날이 밝으면 다시 찾아보기로 합시다."

누군가의 말에 아이의 부모도 그러마고 했다.

그렇지만 쉬이 잠을 잘 수가 없었다. 부모는 뜬눈으로 밤을 샐 것 같았다. 그러는 사이 부부는 비몽사몽간에 아이의 울음 섞인 애원을 들었다. 부엌할매한테 붙잡혀서 살려달라고 발버둥치는 모습도 그려졌다. 하얀 벽에 갇힌 아이의 모습만 또렷이 보였다. 부부는 정신이 번쩍 들었다. 아이의 울음이 하도 선명해서 그냥 있을 수가 없었다.

"우리 아이가 부엉할매한테 잡혀 있대요~"

부부는 소리를 질러 이웃을 깨웠다.

초롱불을 켜든 사람들이 모여들었다. 부모는 어딘지는 정확하게 알 길이 없었지만 동굴 같은 느낌을 전했다.

마을을 벗어난 사람들은 바닷가를 뒤졌다. 여기저기를 뒤지던 사람들의 눈에 동굴이 보였다. 사람들은 굴 안을 들여다보았다. 굴 안은 하얀 모래로 밝았다. 아이는 모래 위에 반듯하게 누워 있었지만 배 부분은 피범벅이 된 채였다.

아이의 모습을 본 부모는 그 자리에서 기절했다. 사람들은 기절한 부모를 가까스로 정신을 차리게 한 뒤 아이의 시신을 거뒀다.

"간질병에 어린아이의 간이 효험 있다더니 부엉할매가 간을 꺼내간 게 틀림없을 걸세."

"은밀하게 살펴보세."

아이의 부모가 들을 세라 시신을 수습한 사람 둘이 수군거렸다.

그런데 아이의 간은 그대로 있었다. 아무래도 부엉할매가 간을 꺼내려다가 도망을 친 듯했다.

날이 밝기가 무섭게 마을 사람들은 부엉할매를 찾아내려고 혈안이 되었다. 마을 어디에도 부엉할매의 흔적은 없었다. 사람들은 아이가 누워 있던 동굴을 몇 번이나 샅샅이 뒤졌다. 구석구석 뒤졌으나 굴속에는 아무도 없었다.

"이 굴 어딘가에 좁은 통로가 있는 게 분명해. 다시는 얼씬도 못하게 굴속에 불을 지르자."

"그럽시다. 다시는 이런 일이 있어서는 안 됩니다."

마을 청년들은 한마음이 되었다.

청년들이 꺾어온 생솔가지는 순식간에 굴 안에 수북해졌다. 수북이 쌓은 생솔가지에 어렵사리 불을 붙였다. 불길이 거세지면서 검은 연기가 굴을 가득 채웠다. 시간이 지날수록 불길도 솟구쳤다. 그을음으로 동굴 벽이 시커메졌다.

그런데도 부엉할매는 흔적도 보이지 않았다. 종일토록 지핀 솔가지의 불꽃과 연기에 굴만 점점 검게 변해갈 뿐이었다. 그렇게 시커멓게 그을린 굴속은 사람들에게 무서움만 느끼게 했다.

실제로 부엉할매가 엉굴안에 살았는지 확인된 것은 없다. 어린아이의 배 부분이 파헤쳐진 것도 짐승의 짓인지 사람의 짓인지도 확인되지 않았다. 다만 간질을 앓다가 쫓겨나 갈 곳을 잃은 부엉할매가 엉굴안에 숨어 살았을 거라는 추측이, 부엉할매를 억울하게 만들었는지도 모를 일이다.

그런데도 엉굴안은 그 후부터 사람들이 얼씬도 하지 않게 되었다. 행여 공놀이를 하던 아이들의 공이 엉굴안 입구에 떨어져도 주우러 갈 생각조차 하지 않았다. 가위 바위 보를 해서 진 사람이 바짝 긴장한 채 겨우 공을 주워 오기도 했다. 느린 걸음으로 해찰을 하는 아이라도 있으면, "아이구, 무서워라. 부엉할매 저기 온다."는 말로 아이의 걸음이 저절로 빨라지게도 했다.

이런 무시무시한 전설에도 불구하고 엉굴안은 6·25 한국전쟁 때는 피난민들이 임시거처로 쓰기도 했다. 그뿐이 아니었다. 때로는 걸인이 굴속에서 여러 날 살다 떠나기도 했다. 어린아이가 아니어서 그런지 아무도 간을 잃은 적도, 굴속에서 죽은 적도 없었다.

엉굴안은 1985년경 현대중공업이 확장되면서 완전하게 폭파되어 흔

미포해안선

적조차 사라졌다. 다만 무서운 전설만은 아직도 인근 바다와 미포에서 남목으로 이주한 사람들의 입에 심심찮게 떠돌고 있다.

전하만의 기적

현대중공업

미포만과 전하만은 고깃배가 드나들던 한적한 어촌이었다. 백사장이 길게 자리해서 그것만으로도 아름답기 그지없는 갯마을이었다. 백사장을 앞마당처럼 안고 있는 작은 집들이 햇살에 졸고 있는 새들처럼 평화로운 마을. 느리게 부르는 뱃노래가 배경음악처럼 마디마디 이어지던 곳. 그랬던 곳이 현재는 가장 분주한 산업현장이 되었다.

바다가 잔잔한 날이면 드나들던 작은 고깃배 대신 화물선, 목재 운반선 같은 중소형 선박은 물론 수십만 톤에 이르는 대형선박까지 생산하기에 이르렀다. 이런 선박들은 비가 오나 눈이 오나 쉬지 않고 미포만을 지킨다. 만선과 풍어를 노래하던 뱃노래는 역동적인 망치소리로 교체되었다. 어쩌면 가장 조용하고 한가롭던 어촌이 가장 활기차고 눈코 뜰 새 없이 바쁜 곳이 되었다.

현대중공업을 이야기하려면 과학의 양면성을 생각하게 된다. 과학발전이 인류에게 미친 긍정적인 영향은 지대하다. 편리함과 의학기술의

초기 현대중공업

발달에 따른 평균수명 연장, 대량수송, 시간단축 등은 결코 외면할 수 없는 과학발전의 긍정적 측면이다. 편리함에 길들여진 사람들의 운동 부족으로 인한 비만과 성인병, 환경문제, 생명경시풍조 등은 과학발전의 부정적 측면임을 부인할 수 없다. 그럼에도 긍정적인 영향이 훨씬 더 많고 매력적이기에 인류는 어쩔 수 없이 과학발전에 의지하는 것이다.

세상 모든 것이 다 좋은 것도, 다 나쁜 것도 없듯이 현대중공업도 마찬가지다. 현대중공업은 1972년 3월 울산 미포만과 전하만의 백사장을 일구면서 출범했다. 현대중공업의 설립으로 울산의 작은 어촌이었던 동구는 전국에 알려지게 되었다. 불과 40여 년 전만 하더라도 반농반어의 한촌이었던 미포만을 오늘날 한국경제의 중추로 만든 기업이 현대중공업이다. 이곳에서 제작된 선박이 세계를 누비고, 많은 사람들이 방문을 오는 것만으로도 현대중공업은 동구는 물론 울산을 알리는 데 크게 기여했다.

그렇지만 불협화음도 없지 않았다. 낙화암과 홍상도를 비롯해 슬프거나 재미있는 전설을 안고 있는 절경들이 건설의 기치 아래 사라진 것은 안타깝다. 조상 대대로 뿌리내리고 살던 터전을 어쩔 수 없이 떠나야 했던 사람들의 설움도 있었다. 그나마 굴지의 기업으로 자란 현대중공업이 한국경제의 중추로 자란 것을 보면서 이런 감정들이 조금이나마 희석된다면 그것만으로 다행이라면 다행이겠다.

현대중공업에서 생산된 선박의 엔진소리는 동구의 소리로 지정한 9개 소리 중 역동성의 상징이다. 등대며 배에서 들리는 소리도 있지만 나머지는 모두 자연이 내는 소리다. 그 중에서 엔진소리만은 인공의 소리라고 할 수 있겠다. 조용한 자연에 유일하게 역동감과 생동감을 주는 소리다. 인공적이지만 일부러 내는 소음이 아니어서 자연스러운 생동감을 주는 것이 현대중공업의 선박 엔진소리다.

현대중공업의 시작은 그야말로 미미했다. 그렇지만 끝은 창대하다. 지금은 조선, 해양, 플랜트, 엔진기계, 전기전자시스템, 건설장비, 그린에너지 등 7개 부문에서 세계적인 규모의 사업을 벌이고 있다.

울산에 이처럼 세계 최대 규모의 조선소가 설립된 것은 우연이 아닌 필연이다. 울산은 선사시대부터 선박건조를 꿈꾸었는지도 모른다. 실제로 20인승 통나무 쪽배를 건조해서 고래사냥을 했던 기록이 국보 제285호인 반구대 암각화에 선명하게 새겨져 있다. 선조들은 그때부터 이미 울산을 조선 산업의 미래를 책임질 전진기지로 점찍었는지도 모른다. 선사시대 때부터 전해져 온 선박 건조 기술이 바탕이 된 현대중공업은 울산은 물론 한국 경제 성장의 동력이 되기에 충분하다.

현대중공업은 '배는 도크에서 만드는 것'이라는 통념을 세계 최초로 깨뜨렸다. 2004년 10월 배를 도크 없이 만들어 진수시키는 데 성공했

하늘에서 본 현대중공업

다. 10만 5천 톤급 유조선을 육상에서 만들어 특수 바지선을 이용해 바다로 안전하게 끌어내면서 세계 조선 역사를 다시 썼다. 이런 시도를 할 당시만 해도 세계 조선업계는 모두 부정적인 견해를 보였다. 기술력과 경제성 면에서 불가능한 일이라는 단언까지 했다.

이런 기우들을 현대중공업은 보기 좋게 타파했다. 해양설비 제작 경험을 바탕으로 전대미문의 신기원을 이룬 것이다. 현대중공업 울산 본사의 본관 앞에 있는 '造船立國(조선입국)'이라는 글씨가 새겨진 기념탑이 무색하지 않은 결과다. 기념탑에서 조선 산업으로 국가 발전의 기초를 세우겠다는 의지가 고스란히 느껴진다.

현재 현대중공업과 협력업체 직원만도 웬만한 중소도시 인구와 맞먹

현대중공업

는 5만여 명. 여기에 가족까지 포함하면 수십만 명을 넘는다. 이런 과정이 그냥 이루어진 것은 아니다. 2차에 걸친 오일쇼크로 위기도 맞았지만 슬기롭게 넘겨서 체질을 강화하는 기회로 만들었다. 그 결과 2백만 평 규모의 공장에는 곳곳에서 건조되고 있는 선박들이 눈에 띈다. 갑판 넓이만 해도 축구장 2~3개와 맞먹는 초대형 원유운반선은 보는 것만으로도 자부심이 된다.

자본도 기술도 변변치 않던 시절, 수많은 역경을 딛고 오직 불굴의 의지와 강인한 추진력으로 이어온 세월이었다. 굴곡의 세월이었지만 기적이라고 할 만큼 눈부신 발전의 과정이었다. 그러한 세월은 우리나라 경제 발전의 상징이 되었다. 무無에서 유有를 창조하고, 불가능을 가능으로 바꾸는 과정은 결코 순탄치 않았다. 사업계획의 착수 단계에서부터 부지 선정, 차관 도입, 공장 건설과 초창기의 선박 건조 과정, 이후 이어진 오일쇼크와 중동 진출, 사업 확장의 과정 하나하나가 도전의 연속이었다.

도전과 좌절의 반복은 오뚝이가 되게 했다. 실패 끝에 새로운 길을 찾았고, 새로운 도전은 강인한 추진력이 되었다. 도전이 무모했지만 성공의 결실을 맺은 것은 실패조차도 외면하지 않았던 덕분이다. 그 결과 세계적으로 유례를 찾아볼 수 없는 세계 최대 조선소 건설과 초대형 원유운반선 건조를 함께 이뤄내기에 이르렀다. 대한민국은 조선 산업의 불모지나 다름없었다. 현대중공업 덕분에 그 시절을 추억하면서 오늘의 성장을 보람차게 이야기할 수 있게 된 것은 여간 고마운 일이 아니다.

2012년 3월 23일로 현대중공업은 창사 40주년을 맞았다. 현대중공업의 40년 역사는 선박건조의 역사만이 아니다. 한국경제의 역사이기도 하다. 40이면 불혹의 나이다. 현대중공업도 한국경제도 시행착오로 절망과 재기를 거듭하는 청년기를 넘긴 나이이므로 더는 어떤 유혹에도 흔들림이 없을 것이다.

아산峨山과 당산나무

현대중공업이 건설되면서 미포만의 절경들이 사라진 것은 여간 안타까운 일이 아니다. 하나를 얻으려면 놓아야 하는 것이 있고, 큰 것을 얻는 만큼 잃어야 하는 것도 있음은 자연스러운 일이다. 다만 잃은 것을 그리워는 할지언정 후회와 안타까움만 남아서는 아니 될 일이다. 사라진 것이 아쉽기는 하지만 그 자리를 채운 무엇이 그런 아쉬움을 상쇄시켜 준다면 아름다운 미포만의 절경을 추억으로 간직한 사람들에게는 위로가 될 것이다.

현대중공업의 발전은 위로가 될 것임은 분명하다. 창업주인 고故아산 정주영 회장의 웅숭깊은 안목이 감회를 새롭게 하는 풍경 덕분이다. 현대중공업 정문을 들어서면 보이는 소나무가 그것이다. 이 소나무는 현대중공업이 준공된 지 40년이 지났지만, 사라진 절경을 기억하는 이들에게는 사라지지 않은 기원이다.

이 소나무는 원래 명덕 마을의 당산나무였다. 이 나무가 현대중공업의 역사를 고스란히 지켜보게 된 것은 창업주인 정주영회장의 결정 덕분이었다. 건설 당시 많은 사람들이 소나무를 베어버리길 청했다. 공장을 건설하는 데 소나무는 하등의 소용이 없었던 까닭이다. 깊고 길게 뻗은 뿌리는 땅을 팔 때마다 여간한 훼방꾼이 아니었다. 나무가 자라더라도 공장의 이미지에 도움이 될 일은 거의 없었다.

아산은 생각했다. 당산나무만은 살리고 싶었다. 당산나무는 단순히 소나무 한 그루가 아니었다. 질곡의 세월을 묵묵히 견뎌온 터줏대감이었다. 소나무는 오래도록 죽지 않는다는 십장생 중의 하나다. 그런 나무를 당산나무로 삼은 데는 연유가 있을 것이다. 조선소의 건설이 당시로서는 반드시 한국 경제의 견인차가 되는 공로가 된다는 보장이 없었다. 그런 상황에서 감히 당산나무까지 베어버려서는 안 될 것 같았다.

오랜 세월, 얼마나 많은 사람들의 소원을 품은 나무인가. 당산나무를 베어버린다는 것은 이 지역 사람들의 바람마저 잘라버리는 것이다. 정주영 회장은 당산나무만은 살리라고 했다. 그 나무가 오늘날 현대중공업 정문을 들어서면 방문객을 먼저 맞고 있다. 소나무는 사라진 것들에 대한 위로가 되기에 충분하다.

공장부지 조성으로 사라진 것들은 많다. 그렇지만 당산나무가 살아있다는 것은 상징성이 크다. 영리를 목적으로 한 기업을 세운 사람이지만 아산 정주영회장이 자연경관이나 문화재에 대한 안목이 없다는 오해를 불식시키는 풍경이 되었다.

아산의 정신은 선박 건조 외에 울산의 교육과 문화 · 예술 및 의료 등 사회적 인프라를 구축하는 데로 확대되었다. 지역사회의 발전과 함께 해 왔다고 해도 과언이 아니다. 실제로 2개의 대학교와 5개의 중 · 고등학교를 운영하면서 울산교육의 질을 향상시켰다. 울산 최초 · 최대의

현대중공업 본관 당산나무

종합병원인 울산대학교병원을 설립해 의료혜택의 변방이라는 오명을 벗게 했다. 그 밖에도 울산의 대표적인 문화 · 예술 공간인 현대예술관을 비롯해 연간 450만 명이 이용하는 7개의 문화센터를 운영하면서 지역 문화에도 기여하고 있다.

물론 사라진 것에 대한 아쉬움이 없는 것은 아니다. 느린 듯하면서도 들고 나는 때를 어기지 않는 물, 안으로만 감기는 듯하지만 드넓은 세계를 안은 부드러운 해안선, 햇살을 받으면 반짝이는 모래톱, 기계와 사람이 합세한 힘에 의해 사라진 절경들은 더 이상 미포만의 현재가 아니다. 다만 사라진 것들이 안고 있는 이야기들을 되새기면서 조선소가 만들어낸 새로운 신화로 위로 받을 일이다. 모래톱의 모래알은 숱해도 인력이 남아돌던 시절, 바다에 물고기는 넘쳐나도 자식들의 학비마련조차 쉽지 않았던 시절을 엄청난 고용창출과 외화까지 획득하는 기적으로 바꾼 것은 현대중공업이다. 어려운 성장기를 성공신화로 바꿔놓은 아산의 도전정신이 만들어낸 기업이다. 대한민국의 기간산업으로 성장하여 나라의 살림까지 가멸게 했음은 당산나무의 영험함을 지켜낸 덕분이 아닐까.

한창 일할 나이인 중년을 맞았지만 변함없는 희망을 안고 한 길만을 향해 나아갈 현대중공업에서 건조한 선박의 엔진소리. 그 엔진소리가 전하는 역동의 메시지를 들으면서 아산의 정신을 새겨보는 것도 이 구간이 주는 건강한 선물이 될 것이다.

달빛도 머무는 곳

어풍대

일산만의 동북쪽으로 조금만 돌아보자. 한적한 마을이 자리한 곳이 나오는데 고늘개다. '고늘개串津'는 일산만의 북쪽에서 동쪽 해안으로 낮게 뻗은 산과 개안을 이르는 말이다. '곶나리개'가 변한 것이 '고늘개'다. [곶 · 고지]는 [岬 · 串 · 古尸 · 口 · 花 · 華 · 化]로도 호전互轉하며, 물가 또는 들판에 돌출된 지명을 일컫는다. 이러한 [곶 · 고지]의 음이 꽃花의 옛 음인 [곶]과 같아 꽃花으로 변하여 '화진花津'과 '고늘개串津'로 변하기도 했다.

고늘개에는 한 부분이 외따로 바다 밖으로 도드라지게 쑤욱 뻗어나간 언덕이 있다. 이곳 을 주민들은 어풍대라 부른다. 어풍대는 대왕암과 더불어 방어진 해안의 절경을 이루는 명승지다.

그 아래 좁은 만의 개안을 '노늘개' 또는 '노리창'이라 하고, 그 북쪽의 '고늘물탕'을 일명 '양곡暘谷(해돋이)'이라고 한다. 양곡은 해가 돋는 동쪽 끝 골짜기에 있다는 상상의 지역이다. 곧 해가 돋는 곳을 일컫는다. 양곡을 다스리는 통치자는 천제天帝인 제준帝俊이었다.

제준에게는 열 명의 아들이 있었다. 그들은 모두 다리가 세 개인 까마귀三足烏였다. 삼족오는 각각 한 개의 태양들을 관리하고 있었다. 열 마리의 삼족오가 매일매일 순서를 정해서 자신이 가진 해를 떠올려서 열기와 밝기를 조절했다.

어느 날 장난기가 발동한 삼족오들은 한꺼번에 하늘로 떠올라 놀았다. 세상은 온통 열기와 가뭄에 시달렸다. 땅의 백성들은 고통에 시달렸다.

"제준이시여, 저희를 불타는 고통에서 구원하시옵소서."

땅의 백성들이 읍소를 하자 제준은 동이의 영웅인 예를 불렀다.

"이 활과 화살을 가지고 땅으로 내려가서 백성들을 구해 주어라."

"예, 제준님."

예는 땅으로 내려왔다.

예는 제준의 명에 따라 삼족오를 한 마리씩 활을 쏘아 떨어뜨렸다. 삼족오가 땅으로 떨어져 죽을 때마다 태양도 하나씩 빛과 열기를 잃었다.

마침내 남은 삼족오는 한 마리였다. 그 한 마리가 오늘날의 태양으로 양곡暘谷이라는 바다 한복판에 자라난 부상扶桑이라는 거목巨木에 살고 있다.

어풍대에서 보면 양곡은 대왕암 부근을 일컫는다. 어풍대에서는 물줄기가 동쪽으로 흘러 바다로 떨어진다. 예로부터 이곳에서 물을 맞으면 피부병에 효험이 있다고 전해져 온다. 또한 고지도에는 어풍대의 위치가 대왕암 지역에 그려져 있다. 그렇지만 신라시대 이후 오랫동안 대왕암은 사람이 함부로 발을 디딜 수가 없는 신성한 곳이었다. 그 때문에 사람들은 어풍대에서 해를 맞이했던 것이다.

삼국이 통일되자 신라는 조금씩 부강해졌다. 삼국이 싸울 일이 없으니 태평성대가 이어졌다. 호국대룡이 된 문무왕의 혼령이 지켜준다는 믿음도 점점 확고해졌다. 그렇다고 선왕에게 죽은 뒤에까지 해안을 지키게 할 수는 없는 일이었다.

선왕의 업적을 기리기 위해 감은사를 완성한 신문왕에 이은 다른 왕들은 해안수비에 치중했다. 왜국의 동태가 심상치 않았던 것이다. 왜국과는 바다를 사이에 두고 있어서 해안을 방치하기에는 위험부담이 컸다. 태평성대가 이어진다고 해도 왕은 쉬이 지치곤 했다. 삼국통일의 후유증이 짧지만은 않았다. 이에 백성들의 마음을 한 곳에 모으기 위해서 골몰하다보니 왕들은 휴식이 필요했다.

"서라벌에서 멀지 않은 곳으로 풍광 좋은 곳을 물색해 보도록 하시오."

왕의 심중을 헤아린 대아찬이 명령을 내렸다.

"하곡현(신라 때 울산의 지명) 동쪽 어귀에 고늘개란 곳이 있사옵니다. 그 끝에 돈대가 있어 예순 명 남짓은 좋이 앉을 수가 있나이다."

하곡현의 현리가 올린 봉서를 받은 대아찬은 흡족했다.

"폐하. 심신이 많이 지치셨을 듯하니 명승지를 찾아 휴양도 할 겸 풍류를 즐겨보심이 어떠하온지요? 때마침 좋은 휴양지를 물색해 놓았사옵니다."

대아찬의 말이 왕은 무척 고마웠다.

못 이긴 척 대아찬이 하는 대로 따르기로 했다. 왕관을 쓰고 나서는 왕의 행렬은 규모가 꽤 컸다.

하곡현의 고늘개는 서라벌에서 백 리 남짓 거리였다. 행차를 하기에는 적당한 거리였다. 왕의 행렬이 고개를 두어 번 넘자 해안길이 나타났다. 바다와 산 사이로 난 길을 지나는 것만으로도 왕은 피로가 풀리는 느낌이었다.

어차피 풍류를 즐기기 위해 나선 걸음이었다. 가다 쉬다를 되풀이 하는 사이 고늘개에 닿았다. 과연 고늘개 어귀에는 널찍한 돈대가 있었다.

"오~ 이렇게나 좋은 풍광에 시원한 바람까지 부는 쉼터가 있었단 말이오? 과연 명승지로다."

왕이 탄복을 할 만한 것이 돈대에 오르자 자욱했던 안개가 서서히 걷혔다. 안개가 숨겼다 내놓은 풍경은 그야말로 절경이었다. 시원한 바람도 겨드랑이 밑에 스민 땀을 깨끗이 씻어주었다.

"임금이 대에 오르자 시원한 바람이 불었으니 내 이곳을 어풍대라 부르리라."

왕은 좋은 곳으로 자신을 안내해 준 대아찬이 고마웠다. 대동한 문무백관들에게 이른 왕의 말은 그대로 돈대의 이름이 되었다.

왕은 어풍대의 경관에 모든 시름이 잊히는 것 같았다. 짙푸른 바다만 보아도 피가 맑아지는 기분이었다. 바다만큼이나 파란 하늘에 눈부신 햇살도 반가웠다. 모든 풍광이 더위를 잊을 만했다.

왕은 눈길을 멀리 주었다. 짙푸른 바다가 하늘과 맞닿은 수평선이 아득했다. 눈길을 오른쪽으로 돌리자 마주 보이는 곳은 기기묘묘한 바위들이 절경을 이루고 있었다. 높게 깎인 절벽이 있는가 하면, 움푹 팬 듯한 곳도 보였다.

"저 수평선 너머가 왜국이란 말이오?"

아름다운 해안선에만 매료된 채 풍류만 즐기다 갈 수는 없었다. 수평선 너머를 헤아리자니 왜국의 크고 작은 침공은 새로운 고민거리였다.

"그러하옵니다. 왜인들은 본시 바다를 육지처럼 나다니는 종족이라…….”

“그럴수록 우리도 약한 모습을 보이면 아니 될 것이오.”

“물샐 틈 없는 수비를 하고 있사오나 워낙 신출귀몰한 자들이라 해안가 백성들이 불안해하고 있사옵니다.”

“이럴 때일수록 긴장한 모습보다는 여유로운 모습을 보여 주는 것이 나을 것이오.”

왕은 어풍대를 새로운 방어진지로 삼기로 했다.

그렇다고 은밀하게 군사를 주둔시키지는 않았다. 그런 상황은 오히려 왜국을 자극할 수도 있었다. 왕이 낸 작전은 오히려 어풍대를 풍류나 즐기는 곳으로 보이자는 것이었다. 동해를 통해 노략질을 일삼는 왜인들쯤은 아랑곳도 없다는 듯한 여유를 보이려는 지혜였다.

왕은 틈날 때마다 어풍대를 찾았다. 나들이 때마다 행렬의 규모는 달랐다. 어떤 때는 문무백관을 거느리는가 하면, 어떤 때는 따르는 대신들의 숫자를 줄이고 궁녀들만 대동하기도 했다. 또 어떤 날은 무희들까지 동행을 하기도 했는데 이 모든 것이 왕의 작전이었다. 혹여 왜국의 첩자들이 보더라도 한가로이 풍류나 즐기는 왕이라 방심하게 하려는 의도였다.

“춤사위를 좀 더 부드럽게, 그러면서도 크게 하라.”

왕은 무희들의 춤사위를 즐기면서도 적을 경계하는 걸 잊지 않았다.

알록달록 고운 옷을 입은 무희들을 민섬에 세워 춤을 추게도 했다. 왕은 그 모습을 어풍대에서 지켜보기도 했고, 바다에서 뱃놀이를 하면서 즐기기도 했다. 무희들의 녹의홍상綠衣紅裳 고운 옷은 마치 바다에 피어난 꽃송이들 같았다. 잔바람에도 하얗게 부서지는 파도까지도 왕이 즐기는 풍류에 추임새를 넣는 모양새였다.

왕들이 어풍대를 찾는 이유는 또 있었다. 어풍대에서 하는 물맞이를 즐기기 위해서였다. 어풍대의 물맞이로 피부병이 나았다는 소문에 왕들은 점점 어풍대를 자주 찾았다.

만인이 우러르는 왕의 자리를 지키는 것은 쉬운 일이 아니었다. 뭇 백성들의 우러름을 받는다는 것은 많은 부분 희생이 따르지 않고는 있을 수 없는 일이었다. 왕에게 가장 견디기 어려운 것은 의관을 갖추는 일이었다. 그로 인한 종기로 고생이 이만저만이 아니었지만 드러내 알리기도 민망했다.

봄가을과 겨울은 그나마 괜찮았다. 관의 무게도, 용포며 몇 겹씩 덧입는 속옷도 견딜 만했다. 그러나 여름은 달랐다. 왕의 용포와 대부분의 속옷은 주재료가 비단과 명주였다. 이런 천들은 보기에는 값지지만 땀을 흡수하지 못하는 단점이 있었다. 게다가 바짓단을 묶으니 통풍이 되지 않는 것도 종기의 원인이 되었다.

그나마 신라의 왕들은 무예를 즐겼다. 그러다보니 먼 곳까지 사냥을 나가기도 했고, 경치가 좋은 곳을 골라 유람을 하기도 했다. 어풍대를 알게 된 것도 이런 유람 덕분이었다. 겹겹이 입은 옷만 해도 더운 여름날 행차를 하려면 반드시 그늘이 필요했다. 왕이 일산을 쓰게 된 것은 당연하다.

어느 날 왕은 뙤약볕 아래 어풍대를 들렀다. 서라벌에서 그다지 멀지 않은 곳이라지만 그늘이 없이는 할 수 없는 나들이였다. 이런 날 왕을 위하여 드는 일산의 크기는 대단했다. 그것 때문에 고생하는 이들이 문득 안쓰러웠다. 뱃놀이를 즐기기 위해 백사장에 내려선 왕이 일렀다.

"일산을 이 백사장에 꽂도록 하여라."

왕의 명에 따라 백사장에 일산이 꽂혔다. 오늘 날 일산은 이 일이 전

어풍대와 민섬

설처럼 이어져서 생긴 이름이다. 왕이 백성 위에 군림하던 시절 왕의 외출은 백성들로부터 경외敬畏의 시선을 받았다. 그와 함께 땅이름까지 남게 되는 역사성 있는 범국가적 행차였다.

어풍대는 그 절경 때문에 왕들이 풍류만 즐긴 곳으로 알려졌으나 사실과는 다르다. 왜국을 방어하고 태평성대를 누리는 신라의 여유를 과시하고자 하는 뜻이 담겨 있었다. 시대를 불문하고 한 나라의 통치자가 바라는 것은 오직 하나였다. 백성을 편안하고 배불리 먹이는 성군으로 남는 것이었다. 그러자니 신라왕들에게 왜국은 철저히 경계해야 할 오랑캐 나라였음은 두말 할 필요가 없겠다. 다만 놀이삼아 해안을 수비했다는 것은 대단한 지혜가 아닐 수 없다.

현재 어풍대의 모습은 전하는 것과는 다소 다르다. 50~60명이 좋이 앉을 만했다던 돈대는 그대론데 그만한 공간은 없다. 민섬이 내려다보이고, 용굴의 위치파악은 할 수 있다. 바다에 몸을 담근 초록더벅머리 청년 같은 대왕암공원의 소나무 숲을 건너다 볼 수도 있다. 비록 옛 모습과 다르긴 하나 주변 경관은 여전히 아름답다. 어풍대는 방어진 12경 중의 제5경인 어풍귀범魚風歸帆의 경승지였다. 이곳에서 옛날 선비들이 시회를 열기도 해서 많은 시詩가 남겨져 있다.

바람이 설렁 불 때마다 어풍대로 풍겨오는 짭조름한 갯내음도 싫지 않다. 어풍대의 맑고 아름다운 경치는 시대가 달라도 많은 이들의 마음에 진한 감동을 일으킨 모양이다. 어풍대에서 보는 교교한 달빛도 그때나 지금이나 다르지 않을 것이다. 어쩌면 변함없는 달빛의 교교함이, 어풍대의 정경과 거기서 느낀 정감을 노래한 선비들의 많은 시가 어풍대를 왕의 화려한 나들이 코스로만 인식하게 하는지도 모른다. 비록 두 편의 서정시를 인용하지만 어풍대에서 은밀하게 왜국을 경계했던 신라 왕들의 마음도 헤아려본다.

어풍대御風臺[1)]

김안국金安國[2)]

隱約三山在眼前　鸞簫髣髴下雲邊
冷然欲御長風去　脫屣人間萬事捐

---

1) 울산광역시, 역주자 宋洙煥,「태화강에 배 띄우고」(1999), 96쪽.

2) 김안국, 성종 9년~중종 38년(1478~1543), 문신 학자. 호는 모재(慕齋), 대제학 찬성 등을 지냄.

* 어풍대에 대한 이야기는 김안국의 시서에 전한다. 그가 중종 12년(1517)에 경상도관찰

삼산은 어렴풋이 눈앞에 펼쳐 있고
신선들 피리소리 구름 가에 내리는 듯
훌쩍 소리 없이 바람타고 떠나가
인간만사 헌 신짝처럼 벗어 던지고 싶어라.

어풍대馭風臺[3]

홍세태洪世泰[4]

此臺之外地無東, 從得乘槎亦莫窮.
但見日生暘谷裏, 或聞人到鬱陵中
石攲半揷千重浪, 松短偏當萬里風
笑爾列仙行有待, 坐來吾己接鴻濛

동으로는 드넓은 저 바다
뗏목 타고서도 더 나아갈 수 없구나.
다만 돋는 해를 볼 뿐인데
울릉도에 간 사람도 있다고들 하는구나
바위는 물결 속에 반이나 꽂혀 있고

사로 재직할 당시 울산을 순시하면서 여러 수의 시를 남겼는데, 그의 문집 『모재집慕齋集』에 그가 남긴 시 「어풍대御風臺」의 시서가 이채롭다.

3) 울산광역시, 역주자 宋洙煥, 「태화강에 배 띄우고」(1999) , 176쪽.

4) 홍세태, 효종 4년~영조 원년(1653~1725), 시인. 호는 유하(柳下), 67세에 울산 감목관 3년간 복무, 문집 『유하집(柳下集)』.

소나무는 만 리 바람을 안고 서 있네.

신선 행차에 바람과 구름을 기다려야 한다니

나는 앉아서 천지 원기元氣나 맞아야겠네.

교육으로 일제에 항거한 성세빈

오좌불과 보성길

오좌불

오좌불은 어풍대 아래에 있다. 그 어원은 외진 산자락 끝의 백사장을 일컫는다.

이곳에는 후리막이 세 군데 있었다. 너른 백사장 덕분에 후리막을 짓기에 안성맞춤이었다. 후리막을 경영하던 사람들은 모두가 항일운동과 관계가 있는 사람들이었다. 끝 간 데 없이 펼쳐진 백사장을 보면서 빼앗긴 조국의 설움을 삼켰고, 셀 수 없이 많은 모래알을 보면서 하나로 뭉쳐서 찾지 못하는 조국에 대한 안타까움을 달랬을 사람들.

생업에 종사하면서 언젠가는 조국을 되찾을 꿈을 꾸었던 곳. 겉보기에는 그저 순박한 농민이요 어부였을 사람들. 농사일을 하던 중에도 고기 떼가 해안으로 들어온다는 전갈이 오면 어장으로 달려갔다. 농사든 어업이든 닥치는 대로 했고, 농사와 어업 중 어느 것 하나도 소홀히 할 수 없는 것이 오좌불 사람들의 일상이었다.

이 역시 현대중공업이 들어서면서 사라진 풍경 중의 하나다. 청정해역의 상쾌함이나 가뭄에 콩 나듯 드문드문 박혔던 집들로 이뤄진 마을의 평화, 풍요롭지는 않았으나 여유가 자라던 논밭, 그와 더불어 신산한 삶의 애환을 질펀한 굿판으로 풀어내던 인습만은 오좌불이란 이름과 함께 한다.

보성길

보성길은 신조어다. 일제 강점기시 항일민족교육의 요람이었던 일산사립보성학교日山私立普成學校와 항일운동가 성세빈成世斌 선생을 기념하자는 의미가 포함된 길이다.

그 옛날 보성학교 자리는 현재 일산경로당이 자리하고 있다. 지금은 한가한 노인들이 모여서 한담이나 즐기는 곳이 되었지만 새싹들이 조국 해방의 꿈을 키우던 곳이었다. 보성학교는 폐교가 될 때까지 울산지역의 유일한 사립초등학교였다.

성세빈은 1893년 동구 일산동에서 태어났다. 어려서부터 남달리 총명했다. 한학을 익히는 데 있어서도 신동다운 모습을 보였다. 학식이 쌓일수록 기우는 국운에 마음을 앓았다. 한일합방이 되자 성세빈의 민족의식은 더욱 깊어졌다.

1909년 1월 12일자 대한매일신보의 광고란에 교장 박한필 외 91명의 '일산사립보성학교 의연금 출연자명단'이 실려 있다. 많은 사람들의 후원으로 성세빈은 고향인 일산마을에 사랑방교실을 개설했다. 고향 청소년들을 가르치기 위함이었다. 먼저 시작한 것은 문자보급운동이었다. 글자를 깨치자 지식전달은 쉬웠다. 학생 수도 점점 늘어났다. 사랑방교실로는 모여드는 학생들을 감당하기가 힘들어졌다. 성세빈은 정식으로 학교 설립 인가를 받고자 했다.

그러나 불가능한 일이었다. 당시에는 1면에 1학교 이상은 설립이 허가되지 않았다. 동면에는 이미 남목보통학교가 있었으므로 방어진 지역에 따로 학교 설립인가가 날 리 없었다. 그렇다고 남목보통학교까지 가기에는 거리가 너무 멀었다. 학구열에 불타 먼 거리를 무릅쓰고 입학을 해도 학교생활을 유지하는 건 여간 힘들지 않았다. 가난한 아이들이 대부분이어서 월사금을 낼 형편이 되지 못했기 때문이다.

성세빈 송덕비

그러던 중 1919년 3·1운동이 일어나자 성세빈은 그냥 있을 수가 없었다. 만세 시위에 자발적으로 가담했다. 그 일로 왜경으로부터 감시의 눈길을 받았지만 특유의 기지로 위기를 모면했다. 드러내놓고 독립운동을 할 수 없게 되자 잠시 우회하기로 했다. 자라나는 새싹들에게 항일정신을 길러 주기로 한 것이다.

성세빈은 자신의 전 재산을 쾌척키로 하고 지역 유지들의 후원을 받아 사립학교를 설립하기로 마음먹었다. 쉬운 일은 아니었다. 그렇다고 못할 일도 아니었다. 일제의 감시 아래였지만 뜻이 있는 곳에는 길이 있었다.

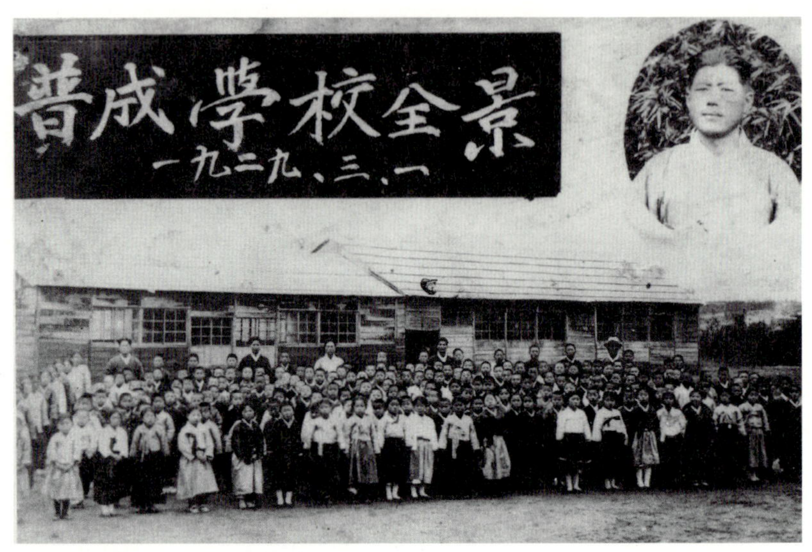

일산보성학교

"공립학교가 안 된다면 사립학교로 인가를 얻자."

성세빈은 스스로 학교를 지을 터를 골랐다. 그 곳에 몇몇 이웃의 도움을 얻어 건물을 지었다. 성세빈의 이런 노력으로 일산사립보성학교가 정식 학교로 등록된 것은 1922년이었다. 1945년 폐교될 때까지 보통학교로 유지되었다.

보성학교는 학생을 가르치기 위한 단순한 교육기관의 역할만 하는 곳이 아니었다. 그보다는 동면지역 민족운동을 이끌기 위한 근거지였다. 학교는 학생들에게 지식전달과 인성강화만 하면 되었지만 보성학교는 달랐다. 학생들에게 조선인임을 잊어서는 안 된다는 민족정신과 항일정신을 심어 주는 일에 앞장섰다. 나라 잃은 설움을 경험한 학생들은 공부에도 더욱 열성을 보였다.

이런 정신은 학생들을 훈육하는 것으로 끝나지 않았다. 성세빈은 1925년 10월, 울산 지역의 항일 청년 단체들을 모은 청년연맹의 집행위원과 검사위원으로도 활동했다. 보다 조직적인 항일운동 전개의 필요성을 느낀 까닭이었다.

시작이 반이었다. 지역에서 활동을 하다 보니 전국으로 이름이 알려졌다. 성세빈의 활동은 전국적인 사회단체인 정우회에까지 전해졌다. 그 결과 정우회의 집행위원으로 활동하게 되었다. 이후에는 신간회 울산지회 집행위원과 검사위원장까지 하게 되었다. 신간회는 민족 대동단결과 투쟁을 위해 전국 민족대표들이 결성한 단체다. 일제 강점기 때 전국 최대의 항일운동단체이기도 했다. 이런 단체에서 요직을 맡게 된 것은 성세빈의 다양한 활약이 돋보인 덕분이다. 항일 투쟁은 물론 농촌계몽운동을 하면서 밑바닥까지 항일정신 고취에 앞장선 활약상을 인정받은 것이다.

성세빈의 항일 활동이 두드러지자 일제도 더는 모른 척할 수가 없었다. 보성학교가 항일 교육으로 일관하자 어떻게든 막아야겠다며 기회를 노리고 있었다. 보성학교는 일제에게 목구멍의 가시와 같은 존재였던 것이다.

"빼앗긴 나라를 되찾겠다는 망상에 빠진 자들이, 교육보다 불손한 행동을 일삼는 곳은 더 이상 학교로 인정할 수가 없다."

일제는 특단의 조치를 내렸다. 보성학교의 폐교를 단행한 것이다. 이 사건과 사정은 당시 조선일보 1929년 3월 2일자에 상세하게 보도되었다.

그러나 실질적으로 보성학교가 폐교된 것은 아니었다. 교장만 바뀌는 것으로 학교는 근근이 유지가 되었다. 이런 상황이 성세빈의 항일운동

의욕을 꺾지는 못했다. 신간회 활동을 통해서 오히려 더욱 다양한 항일 운동을 전개했다. 일제의 악랄함이 점점 심해질 무렵인 1938년 성세빈은 세상을 떠나고 말지만 그가 남긴 항일정신은 일산 앞바다의 푸른 물결처럼 넘실거렸다.

보성길을 걸으면서 일산해변을 내려다볼 수 있다. 이 길을 천천히 걸으면서 보성학교의 운동장 역할을 했을 일산해변을 내려다보면 오늘날 해수욕장으로만 알려진 바다는 더욱 푸르고 백사장은 더욱 빛날 것이다. 그럴 때 항일운동을 전개하다 세상을 떠난 성세빈 선생의 삶에 한 번쯤 경의를 표하는 것도 보성길에 더욱 의미를 부여하는 일이겠다.

신라왕의 나들이길

일산해수욕장

일산은 '나리뫼'이니 일산의 어원은 '나리'에서 찾아야 한다. '나리'라 함은 내川의 한 별칭으로서 나라國나 나리津도 그 어원은 '나리川'에 있는 것이라 한다. 日의 훈訓이 '날'이므로 '날'은 '나리津'와도 같다. 일산日山이 나리뫼日山가 됨은 고늘개串津浦의 지명에서도 짐작할 수 있다.

나리뫼日山는 '일산日傘'으로 와전되어 신라왕 나들이 설화가 여기에서 나오게 된다. 일산의 '산山'은 고을이나 마을의 받침격의 성질을 가진 것으로 일산日山은 '나리마을'이라 할 수 있다. 나리뫼日山가 '일산日傘'으로 와전되어 생긴 신라왕들의 나들이 설화를 알아보는 것도 재미있다.

일산日傘은 햇살을 가릴 수 있는 커다란 양산이다. 일산이라는 지명은 임금이 자주 드나들면서 생겼다. 옛날 임금이 나들이를 할 때는 볕을 가릴 만큼 큰 양산을 쓰고 다녔다. 신라 때는 임금이 이 일대로 자주 나들이를 왔다. 그러다 보니 번번이 일산日傘을 들고 다니기가 번거로웠다. 특히 어풍대는 경치가 좋고 시원하고 전망도 좋아 임금이 좋아하던 곳

일산해수욕장

이었다. 바닷가로 쏟아지는 햇살은 유난히 강렬하다. 어풍대에 자주 들르는 임금을 위해 쏟아지는 햇볕을 막기 위해 신하들이 일산을 모래밭에 꽂게 되었다. 그 이후로 일산은 일산日傘이었다가 뒤에 '산傘'이 '산山'으로 바뀌었다는 설이다.

일산진은 별신굿으로도 유명하다. 별신굿은 전국에 각종 형태로 전승돼 온 향토신앙의 하나다. 동신에 대한 제의와 축제가 복합된 것으로 지금은 대부분 사라지고 동해와 동남해안 및 도서지방에 풍어제의 형태로 남아 있다. 별신굿은 일제의 강압에 못 견뎌 사라져 갔으나 동남해안의 어촌에서 아직도 전승돼 오고 있다. 정자, 당사, 일산진, 방어진, 용잠, 신포, 용연, 당월 등 울산지역 해촌에서도 별신굿은 성행했다.

어풍대를 내려와 신라왕이 된 듯한 마음으로 천천히 걷노라면 드넓게 펼쳐진 백사장이 나타난다. 푸른 바다와 하얀 모래가 눈부신 일산해수욕장이다. 쏟아지는 햇볕을 받은 고운 모래밭은 언뜻 황홀하다. 바다가 살짝 치마를 걷고 속살을 드러낸 듯한 하얀 모래톱. 사람이 찾지 않는 이른 봄의 일산해수욕장은 어디에도 해수욕장의 면모는 없다.

일산해수욕장은 신라왕들이 즐겨 찾던 나들이 명소였다. 나들이 길에 일산을 꽂아두었던 데서 일산이란 지명이 생겨났고, 그 모래벌판이 오늘에 이르러 해수욕장으로 바뀐 것이다.

1960년대 전반까지만 해도 일산해수욕장은 생산의 현장이었다. 인근 주민들의 직장이라고 해도 틀린 말이 아니었다. 반농반어민인 주민들은 농번기와 농한기를 가리지 않고 해변을 드나들었다. 멸치잡이 배가 들어온다는 신호만 울리면 하던 일을 다 멈추고 해변으로 달려왔다. 그물이 터질 정도로 많을 때는 현장에서 멸치를 떠내기도 했다. 그렇게 떠낸 멸치들은 모두 떠낸 사람들의 몫이었다. 어차피 그물이 터지면 아무리 많은 멸치라도 터진 곳으로 다 새어나가게 마련이다. 그러느니 차라리 주민들에게 나눠 주자는 식이었다. 서로에게 생산적인 처사가 참으로 인간적이다.

후리막은 주민들이 생업으로 여길 정도였다. 후리막에서는 그물에서 털어낸 멸치들을 밤새 쪄냈다. 그렇게 쪄낸 멸치는 뜨거운 햇살이 쏟아지는 백사장에 널어서 말렸다. 햇살에 달궈진 모래벌판은 멸치를 널어 말리기에 안성맞춤이었다. 뜨거운 모래벌판에 멸치를 펼쳐놓으면 그것은 또 하나의 경이였다. 마르면서 드러나는 은빛멸치는 그대로 신비였다.

일산해수욕장이 해수욕장으로 알려진 것은 1970년대 후반이다. 현대중공업을 비롯한 조선 산업의 발달과 역사를 같이 한다. 일을 하는 사람들이 휴양지를 찾아 몰려들면서 일산해수욕장은 휴식의 현장으로 탈바

일산해수욕장의 야경

꿈을 한다. 해변에는 질 좋은 모래밭이 펼쳐져 있다. 햇살에 일광욕을 하기에도 좋고, 물이 맑고 경사가 거의 없어 수심이 깊지 않다. 해수욕장은 매년 6월부터 8월까지 개장한다. 개장 기간 중 수온은 21.2도, 수심 1~2미터의 완만한 경사를 이루고 있는 곳으로, 매년 7월 말에 울산조선해양축제를 개최해 오고 있다. 가족끼리 안전한 물놀이를 즐기려는 사람들의 입소문을 타면서 지금은 여름이면 사람들로 넘쳐난다. 모래의 입자도 부드러워서 모래찜질을 하기에도 그저 그만인 데다 주변의 풍광까지 즐길 수 있는 천혜의 유원지인 셈이다.

물론 예전의 한적한 어촌을 그리며 찾는 사람들에게는 다소 낯설 수도 있겠다. 도시화의 물결을 빠르게 탄 까닭에 해수욕장 주변은 화려한 간판을 단 숙박시설과 음식점, 찻집들로 즐비하다. 호젓하고 소박한 정취와는 점점 멀어지고 있지만 이는 명성을 떨치는 여느 해수욕장과 비슷한 풍경이다. 그럼에도 호젓함이 아쉽다면 주변을 돌아볼 일이다. 양쪽으로 어풍대와 대왕암이 자리한 것만으로도 위로가 된다. 주변의 아름다움은 호젓한 풍경에 대한 그리움을 얼마든지 상쇄시키고도 남는다.

먼저 물놀이를 즐기면서 보이는 풍경은 대왕암공원의 푸른 송림이다. 미끈하게 잘 자란 해송들이 빽빽한 숲은 그대로 한 폭의 그림이다. 물놀이를 끝내고 그림 속으로 들어가 보고 싶은 궁금증과 충동을 자아내는 풍경이다. 실제로 송림으로 이어지는 완만한 계단이 있어 해수욕을 즐기다가 산책을 할 수도 있어 일석이조의 휴양지다.

이곳에서는 드물지 않게 수영대회가 열리기도 한다. 문학과 음악, 무용 등 각종 예술행사의 장이 되는 곳도 일산해수욕장이다. 운이 좋으면 지 · 덕 · 체의 장에 동참할 수도 있고, 격조 있는 행사의 관객이 될 수도 있다.

밤이 아니라면 모래톱을 돌아 송림으로 들어서 보자. 대왕암으로 이어지는 해안산책로에 숨은 이야기들이 해수욕장의 번다스러운 기억과 자연스럽게 안녕을 고하게 해줄 것이다.

포수돌
전망대
14 용추암
13 용등
12 다릿돌
15 용추수로(龍湫水路)
16 복시미
17 용디이목
11 사근방
해맞이 광장
해맞이 전망대
울기등대
18 샛구직
10 고이
9 탕건암
8 할미바위(남근암)
체력단련장B
용디이목전망대
7 넙디기
6 부부송
5 용굴(덩덕구디)
B코스
교육연수원
19 과개안(너븐개)
20 고동섬
몽돌해변
4 수루방(水樓坊)
고동섬전망대
안 막구지기
체력단련장A
C코스
산책로
3 민섬
D코스
E코스
해안산책로
21 중점 · 노애개안
2 햇개비
공원입구
공원관리소
F코스
동용사
1 바깥 막구지기
대왕암 주차장
A코스
22 배미돌
G코스
대왕암계단
막구직 주차장
동용사입구
소바위산
성끝마을
H코스
MBC "욕망의 불꽃" 촬영세트장
일산해수욕장
방어진항
슬도주차장
동진마을

2코스

솔내음에 취하며
(대왕암공원)

"

대왕암은 붉다. 짙푸른 바다에 몸을 담근 붉은 바위는 대왕의 곤룡포를 연상케 한다. 오랜 세월 바다에 뿌리를 내렸으면서도 제 빛깔을 잃지 않은 것은 과연 대왕답다. 날이 맑으면 바다와 하늘은 온통 푸른빛이다. 그 푸른 빛깔 속에서 대왕암의 붉은빛은 보는 이에게 신묘한 힘을 전한다. 심호흡만 해도 그 정기가 고스란히 폐부를 채울 것 같다.

"

버릇없는 청룡, 갇히다

용굴

동해 용왕에게는 네 아들이 있었다. 네 아들은 황룡, 흑룡, 백룡, 호룡이었다. 모습은 닮았지만 성격은 저마다 달랐다. 용왕은 왕자들을 강하게 키웠다. 열 살만 되면 각자의 성격에 걸맞은 중책을 맡기기 위해 특별히 교육을 시켰다.

“왕자라고 해서 백성들보다 편하게 지내서는 안 되는 법. 백성들에게 매사에 모범이 되어야 하는 것은 당연한 일이니라.”

용왕이 자주 강조하는 말이었다. 용왕은 왕자들이 어릴 때부터 황실 가족으로서 누릴 특권은 한 마디도 언급하지 않았다. 그보다는 황실의 권위에 걸맞은 역할에 충실할 것을 강조했다. 왕자들이 권리보다 먼저 익힌 것은 황실 가족의 의무였다. 왕자들은 자연스럽게 책임감이 강해졌고, 이런 왕자들의 모습은 백성들의 존경을 받는 황실이 되는 데 밑거름이 되었다.

황룡은 첫째아들이었다. 용왕의 대를 이을 아들이었다. 누런 몸의 빛

용굴

깔은 멀리서 보아도 눈에 띄었다. 그런 모습에서부터 후계자다운 위엄이 풍겼다. 황룡은 누구보다도 책임감이 강했다. 다른 형제들도 하나같이 용모가 수려했지만 황룡의 모습은 그중 탁월했다. 마음 씀씀이도 대범하고 기질이 호탕했다.

"밖으로는 우방국과 잘 지내고, 안으로는 형제들과 백성들을 잘 이끄는 것이 용왕의 으뜸 의무이니라."

용왕이 황룡에게 자주 강조하는 말이었다.

어떻게 하면 평화로운 바다를 유지할 수 있을까, 서로의 영역을 침범하지 않으면서도 위엄을 잃지 않고 바다를 다스리는 것이 용왕의 역할이었다. 황룡은 후일 그런 용왕이 될 아들이었다. 그런 만큼 밖으로는 서해, 남해의 용왕들과 우의를 다지는 일에 전념했다. 안으로는 형제 사이의 우애와 백성들의 안위를 지키는 방법에 골몰했다.

대왕암 해안

둘째아들은 흑룡이었다. 흑룡의 역할은 황룡을 보좌하며 동해를 구석구석 정찰하는 것이었다. 정찰 중에 알게 된 백성들의 불편을 해소하는 일이 흑룡의 주요 임무였다. 바다는 겉으로 보기에 평화롭지만 그 안에서도 끊임없는 싸움과 노략질이 벌어지곤 했다. 힘에서 약하면 자신의 재산을 빼앗기는 일이 허다했다.

"나라 안이 어수선한 것은 용왕의 능력이 곳곳에 미치지 못하고 있음이니 이를 부끄러워해야 하느니라."

흑룡은 아버지인 용왕의 명에 따라 후미진 곳을 주로 살폈다.

특히 황홀할 만큼 아름다운 산호의 숲을 자주 살폈다. 크고 작은 바위 아래도 마찬가지였다. 늘 밝고 곱게 빛나는 산호의 숲에는 억울한 백성들의 한이 서려 있곤 했다.

흑룡이 크고 작은 바위 아래를 살피면서 이런 백성들의 한이 차츰 사라졌다.

셋째아들인 백룡이 하는 일은 바다 위에서 오는 물새들의 공격을 막는 일이었다. 물새들이 모여들면 철모르고 날뛰는 어린 물고기들이 흔적도 없이 사라지곤 했다.

"어린 생명 하나도 소중한 나의 백성, 새들의 공격으로 인한 피해를 줄이는 것은 황실의 책임이니라."

백룡은 백성을 사랑하는 아버지의 마음을 잘 헤아렸다. 어린 물고기들이 사리분별을 할 줄 알 때까지 물 밖으로 나가는 일을 삼가도록 지시했다. 수면을 순회하는 일도 백룡의 몫이었다. 백룡의 부지런함 덕분에 바다생물의 희생은 현저히 줄어들었다.

호룡은 넷째아들이었다. 호룡이 열 살 무렵부터 교육을 받은 것은 경계의 중요성이었다. 드넓게 펼쳐진 바다를 보면 경계를 알 수 없어서 육안으로 확인하기는 쉽지 않지만 바다에도 용왕들에게 주어진 영역이 있었다. 서해나 남해와의 경계는 맏형인 황룡의 품성 덕분에 잘 유지가 되었다.

문제는 왜국의 바다와 닿는 지점이었다. 왜국은 호시탐탐 동해바다를 넘보았다. 왜국 바다 용궁에서는 첩자들도 자주 보냈다.

"육지처럼 성을 쌓을 수는 없으나 경계를 게을리 해서는 결코 바다를 제대로 지킬 수 없으리라."

동해 용왕은 호룡에게 왜국 바다와의 경계만을 강조했다.

호룡은 바다 정찰에 밤낮을 가리지 않았다. 바람이 심한 날일수록 경계를 더욱 튼튼히 했다. 일기가 고르지 않은 날은 첩자들이 드나드는 경우가 잦았다. 그런 날 삼엄하던 경계가 느슨해지는 것은 흔히 있는 일이었다. 첩자들도 굳이 모험을 행하지는 않을 것이라는 안이한 생각이 지배적이었다.

호룡은 그런 생각들을 타파하려는 듯 날씨가 궂으나 맑으나, 바람이 심한 날이나 잔잔한 날을 가리지 않았다.

얼마 뒤, 왜국 용왕이 동해 용왕을 찾아왔다. 바다의 평안을 도모하자는 차원의 방문이었다. 그다지 신뢰감을 가질 수는 없었지만 동해 용왕은 최고의 대우를 했다.

"참 든든하시겠습니다그려. 저렇듯 훤칠하고 용맹스러운 아들이 넷이나 있다니."

왜국 용왕이 동해 용왕을 진심으로 부러워했다.

그도 그럴 것이 하나뿐인 아들이라며 데리고 온 청룡은 천방지축이었다. 자신이 이웃용궁에 방문을 왔다는 사실을 아는지 모르는지 청룡은 용궁 여기저기를 마구 휘젓고 다녔다.

호룡은 그런 청룡을 눈여겨보았다. 손님이라 함부로 행동을 저지시킬 수도 없었다. 그런 과정에서 자칫했다가는 귀빈을 홀대했다며 외교문제로 번질 수도 있는 일이었다. 그렇다고 마냥 모른 체할 수도 없는 노릇이었다. 마구 휘젓고 다니다가 주요 보안시설이 노출될 지도 모를 일이었다.

생각지도 않았던 왜국 용왕의 방문이 별 탈 없이 끝났다.

"융숭한 대접을 받고 돌아갑니다. 용왕께서도 저희 궁을 방문해 주시면 더없는 영광이겠습니다."

돌아가는 날, 왜국 용왕이 교활하게 웃었다.

왜국 용왕 일행이 동해 용궁을 떠났을 때였다. 하필이면 바람이 몹시 불었다. 바다 밑까지 물결이 심하게 일었다. 덩덕구영(파도가 칠 때마다 '덕덩궁' 소리가 난 데서 붙여진 이름. 경상도에서는 '구멍'을 '구영'이라 불렀음) 근처에서 왜국 용왕 일행은 더 이상 움직일 수가 없었다.

"바다가 잔잔해질 때까지 잠시 피신이라도 해야겠습니다."

"그렇게 하시지요. 비록 좁은 곳이나 덩덕구영에는 귀국의 일행들이 파도를 피할 만한 공간이 있습니다."

용왕을 대신해서 배웅을 나온 호룡이 왜국 용왕 일행을 덩덕구영으로 안내했다.

참 알 수 없는 일이었다. 동해바다는 아버지가 다스리는 곳이었다. 그런데 이렇듯 바람을 일으킬 리가 만무했다. 아무리 왜국 용왕이라고 해도 국빈이 아닌가. 등을 맞댄 처지라지만 그들이 가는 길에 이런 악재를 만들 이유가 없었다.

왜국 용왕 일행을 호위하느라 지친 호룡은 깊은 생각에 잠겼다. 다행히 바다는 곧 잠잠해졌다.

왜국 용왕 일행은 곧 떠났다. 이상한 것은 천방지축으로 날뛰던 청룡이 얌전해진 것이었다. 자신과 눈도 마주치지 못하는 청룡을 보면서 호룡은 속으로 웃었다.

'후훗~ 마구 설쳐대더니 지쳤나? 까짓 풍랑에 완전히 얼었군. 저런 겁쟁이 같으니라고.'

바다의 경계선까지 나가 배웅을 한 호룡은 그제야 마음이 놓였다.

왜국 용왕 일행이 돌아간 뒤부터 동해 용궁에는 크고 작은 사고들이 생겨났다. 드문드문 사람들이 빠져죽은 것이다. 헤엄을 치던 사람들이나 해초들을 따던 해녀들이 물속으로 빨려들곤 했다. 그러던 것이 점점 사고의 규모가 커졌다.

급기야 고기잡이 어선이 뒤집히는 일까지 일어났다. 어선의 무사운행을 바라는 사람들이 바다에 제사를 지내기에 이르렀다. 호룡은 사공들의 부주의로 인한 단순한 사고려니 여겼던 여러 가지 사건들이 누군가의 장난 같다는 생각을 했다.

그와 동시에 덩덕구영 근처에서 청룡을 봤다는 증언들이 조심스럽게 들려왔다.

"청룡? 청룡이라면……."

호룡은 왜국 용왕의 아들이 떠오른 이유를 알 수 없었다.

'분명 무슨 음모가 벌어지고 있음이야.'

호룡은 혼자서 해결하려던 생각을 바꾸었다. 먼저 형들에게 이 사실을 조심스럽게 전했다. 만일 덩덕구영 근처 해안을 어지럽히는 것이 청룡이라면 혼자서 처리할 일이 아니었다. 섣불리 행동했다가는 왜국 용왕의 아들을 해코지했다는 빌미만 제공하게 될 일이었다.

"형님들 댕방산 북쪽 벼랑에 굴이 있잖아요. 아무래도 거기서 무슨 음모가 벌어지고 있는 것 같습니다."

"음모라니? 누가 감히 아바마마에게 반역을 꾀하고 있다는 것이냐?"

놀라서 묻는 황룡의 비늘이 금빛으로 더욱 빛났다.

호룡은 그간의 사건들을 풀어놓았다. 호룡의 말을 들은 황룡이 우방국을 순회한다며 넌지시 왜국 용궁을 방문했다. 황룡은 왜국 왕자인 청룡과의 만남을 청했다. 왜국 용왕은 머뭇거렸다.

"후일 귀국의 용왕이 될 왕자님과 우의를 돈독히 하고자 함이니 괘념치 마십시오."

"귀국을 다녀온 이후 우리 왕자는 와병 중이오. 그때가 언제요? 꽤 오래 된 일인데 그날 이후 여독인지 신병인지 앓아눕더니 아직껏 자리만 보전하고 있소이다. 걱정이 이만저만이 아니오."

왜국 용왕은 미간에 가는 주름을 잡았다.

그렇다고 황룡의 눈을 속일 수는 없었다. 청룡을 만나지 못하게 하려는 변명치고는 그럴싸했다. 그러나 왜국 용왕의 눈빛이 흔들리는 것을 황룡은 놓치지 않고 읽어냈다.

"와병 중이라니 다행입니다. 실은 저희 해안에 요즘 이상한 괴물이 출현하여 바다를 어지럽히고 있어 하루라도 빨리 퇴치하려는데, 보는 이들마다 귀국의 왕자 같다고들 수군거려서요."

"그, 그럴 리가요? 와병 중인 왕자가 어찌 귀국의 해안을 어지럽힐 수가 있겠소?"

"알겠습니다. 괜한 오해를 한 것 같아서 송구합니다. 저희 궁에는 용한 약재가 많습니다. 왕자님의 병세를 적어 주시면 돌아가는 대로 보내드리지요."

황룡의 말에 왜국 용왕은 멈칫거리며 몇 가지 병세를 적었다.

"앓는 이가 누구라는 것과 이것이 용왕께서 직접 적으신 것이라는 걸 증명할 수 있어야 합니다. 워낙 귀한 것으로 황실로만 보내는 은밀한 약재이기 때문입니다."

황룡의 말에 왜국 용왕은 앓는 이가 왜국 용왕의 왕자인 청룡이라는 사실을 적었다.

"말미에 옥새도 찍으시지요. 귀국의 황실 문서임을 증명하지 않으면 약재를 반출할 수가 없으니까요."

황룡의 말에 왜국 용왕은 끝에 옥새까지 찍었다.

그것을 받은 황룡은 속으로 빙긋 웃었다. 뱃길을 어지럽히는 청룡은 왜국 용궁의 왕자가 아니라는 걸 인정받은 것이다. 황룡은 마음속에 미소를 머금은 채 조용히 왜국 용궁을 물러나왔다.

동해로 돌아온 황룡은 동생들과 함께 용왕을 찾아갔다.

"그런 일이 있었단 말이지? 과연 내 자식들이로구나. 내 잘 알았느니……."

용왕은 뿌듯했다. 네 아들이 각자의 임무에 충실한 것이 대견하고 기특했다.

한 편으로는 크게 화가 났다. 일개 용궁 왕자의 신분으로 비열한 짓을 일삼는 청룡을 혼낼 묘안에 몰두했다.

"왜국 용궁의 왕자가 아니면 그 괴물을 처치하겠다고 했나이다. 게다가 왕자는 와병 중이라 요양 중에 있다는 왜국 용왕의 친서가 있으니 하루빨리 처단함이 옳을 줄 아옵니다."

"옳거니! 친교 차 들렀던 나라에 숨어서 첩자노릇을 하는 것도 모자라서 나라를 어지럽히는 일을 일삼다니 그냥 두고 볼 수만은 없느니!"

동해 용왕은 명령을 내렸다.

"오늘 밤 당장 청룡을 처치하라. 허나 청룡이 워낙 심술궂고 포악하여 자칫하다가는 놓쳐서 왜국으로 돌아갈 수도 있으리. 낌새를 채지 못하도록 지금까지처럼 무방비 상태인 척하라. 저도 밤에는 잠을 잘 터. 덩덕구영 안에 들어가서 쉴 때 야심한 시각을 틈타 굴을 막아버리도록 하라."

왕자들은 용왕의 묘안에 감탄했다.

일은 당장 진행되었다. 그날 밤 청룡이 잠든 틈을 타서 큰 돌로 덩덕구영의 입구를 막아버렸다.

그 후로는 더 이상 어떤 피해도 일어나지 않았다. 덩덕구영도 자연스럽게 청룡굴로 불리게 되었다. 청룡을 가뒀다는 걸 알리기 위해서 일부러 그렇게 소문을 낸 것이다. 그 소문이 왜국의 용궁까지 들리길 바라는 마음이었다.

왜국 용왕은 애가 탔지만 어떤 반박도 할 수가 없었다. 다만 그 일 이후 왜국 용궁에서는 동해 용왕과의 우호적인 관계를 꺼리게 되었다.

신선한 세월을 버티는 금슬

부부송

세상에 아름다운 것은 많다. 막 돋는 새순, 거기에 쏟아지는 햇살, 보슬비 내리는 들판, 흰 눈을 소복이 뒤집어쓴 장독대며 마른 나뭇가지, 물오르는 나무, 까르르 웃는 아이들의 모습, 어떤 경우에도 결코 놓지 않을 것처럼 손을 맞잡은 연인들, 머리도 채 빗지 못한 채 아기에게 젖을 물린 젊은 엄마.

이런 모습들은 보는 이들을 가만히 미소 짓게 한다. 내 것이 아님에도 마음을 그득하게 한다. 각박한 세상을 푸근하게 느끼게 하는가 하면, 가슴 가득 행복감이 차오르게 한다.

아름다운 모습은 숱하게 많지만 고락을 함께 한 부부가 닮은 모습으로 늙어가는 모습만큼 가슴 뭉클한 아름다움도 드물다. 사소한 일로도 깨지기 쉬운 관계를 끈끈하게 유지하며 인생 여정을 동고동락하는 부부. 아내의 입가에 흐르는 침을 닦아주고, 남편의 귀지를 후벼 주는 노부부의 주름진 손은 갖은 풍상을 견뎌낸 소나무의 뿌리만큼이나 든든

부부소나무

한 아름다움이다. 남남끼리 맺은 인연의 줄기를 깊이 뿌리내린 모습은 작은 일도 참지 못해 백년해로의 언약을 유리그릇 깨듯 하는 현대의 젊은 남녀에게 귀감이 되고도 남는다.

이런 부부의 모습을 닮은 두 그루의 소나무가 대왕암 공원에도 있다. 넙디기와 용굴 사이의 바위 위에서 자라는 부부송이다. 부부송을 보면 애처롭다. 그러면서도 대견하다. 어쩌면 저런 곳에다 단단히 뿌리를 박고 살 수가 있을까, 나무에 불과하지만 경외심이 생기게 하는 모습이다.

소나무는 우리 민족의 기상을 많이 닮았다. 늘 푸른 모습이 그렇고, 어떤 풍상도 견뎌내는 의지가 비슷하고, 아무리 척박한 땅에도 뿌리내리는 근성도 흡사하다. 부부송은 이런 근성을 그대로 닮은 모습이다.

비슷한 키에 비슷한 몸집이다. 대왕암 송림과는 좀 떨어진 듯한 바위는 마치 한적하고 가난한 어촌의 오두막집을 연상케 한다. 그런 곳에 적당한 거리를 두고 마주 선 두 그루의 소나무를 보노라면 지나친 간섭으로 서로에게 생채기를 내는 많은 부부들을 뉘우치게 한다.

부부송을 보노라면 마음이 편안해진다. 참견하기보다는 관심의 거리만큼 떨어져서 자라는 두 그루의 소나무. 적당한 거리를 유지하고 마주 선 채 자라고 있다. 다정한 모습이지만 엉켜있지 않은 것은 가까울수록 지킬 것은 지키는 미덕을 지닌 부부를 연상시킨다. 그 간격은 오래 산 부부의 믿음의 거리라는 신뢰감을 주는 모습이다.

* * *

1906년부터 1910년 사이 방어진항이 형성되면서 방어진에는 어부들이 모여들기 시작했다. 당장 살 집도 없는 사람들이었다. 바다가 농지보다 나은 삶의 터전이라는 생각으로 모여든 터였다. 감자, 고구마, 옥수수를 주식처럼 여기며 살던 사람들에게 바다는 식량의 보고였다. 게다가 바다의 해산물은 주인도 없었다.

그것들을 채취하고 살려니 바람을 피할 만한 거처가 필요했다. 그렇다고 번듯하게 집을 지을 형편도 아니었다. 그렇게 지은 집들이 떼집(잔디가 자라는 흙을 떠다 지은 집)이었다. 집들은 모두 나지막했다. 지붕이 낮아서 제대로 설 수도 없는 집이 대부분이었다. 어쩌다 걸쳐둔 서까래에 머리가 부딪치는 일은 다반사였다. 지붕 위로는 구렁이가 지나다니는 것도 예사였다.

한일합방이 되면서 방어진에 모여든 일본인들은 이런 주민들을 미개

인처럼 여겼다. 그들은 주로 후리어장을 경영했다. 주민들은 그들의 어장에서 일을 하려고 줄을 대기도 했다. 그들 중에 특히 금슬 좋은 부부가 있었다. 그러나 당장 일자리를 구하지 못한 부부가 하는 일은 하치나칸(여덟 칸을 이어지은 일본인 가옥)에서 인분을 얻어다 파는 일이었다.

부부는 일거리가 없어 심심한 날이면 등대를 찾았다. 당시 등대 근처에는 어린 소나무들이 빽빽하게 자라고 있었다. 하나 같이 자생한 소나무들이었다. 어린 소나무들은 잘 자랐다. 누가 시키지도 않았건만 부부는 소나무들을 돌보기 시작했다. 부부가 특히 공을 들인 소나무는 외따로 떨어진 바위틈에서 자라는 두 그루였다.

"세상에나! 어쩌자고 이런 데 뿌리를 내렸대요? 여기다 일부러 심지는 못했을 텐데……. 가엾기도 해라. 저 위로 옮겨 줄까요?"

"이건 솔씨가 떨어져 자생한 것이오. 이처럼 척박한 곳에 뿌리내린 것도 다 뜻이 있을 거요."

"바위 위에서 자라야 얼마나 자라겠어요? 겨우 뿌리를 내리고 사는 모습이 우리 내외 같아서……."

아내가 자신들의 처지를 떠올리자 남편은 민망했다. 고왔던 아내의 얼굴이 까칠해지는 것이 마음 아팠다. 큰 호강은 시키지 못하더라도 고생은 면하게 하고 싶었지만 그러지 못하는 자신의 처지도 막막했다.

남편은 잘 살아보겠다고 방어진으로 거처를 옮긴 것을 생각했다. 자신들이 맘대로 갈무리할 농지 하나 없는 고향이었다. 그럴 바에는 차라리 주인 없는 해산물을 따서 먹는 것이 나을 것 같았다. 그래서 정착한 곳이지만 살림이 팍팍하긴 마찬가지였다.

남편은 뿌리내리지 못하고 떠나온 고향을 떠올렸다.

"자리를 옮긴다고 더 잘 자라라는 보장도 없지 않소?"

"하긴, 내 생각이 짧았네. 그러고 보니 어떤 바람도 이겨내겠다는 의지가 느껴지는 나무예요."

아내는 남편을 위로했다.

한편으로는 단단한 바위틈에 뿌리내린 어린 소나무가 대견하고 안쓰러웠다. 돌보기에는 가장 힘든 곳에 있었지만 부부는 하루도 빠지지 않고 두 그루의 소나무를 돌보았다.

남편이 가까스로 숭어잡이 일을 돕게 된 것은 다행이었다. 일산 앞바다에는 숭어가 많았다. 남편은 숭어가 떼 지어 다니는 지역인 수루방에 망루를 설치하는 일을 하게 된 것이다. 수루방은 경관이 수려해서 바다와 해변 마을을 관망하기에도 좋은 곳이다. 이곳에 지은 망루는 숭어 떼의 움직임을 관찰한 뒤 잡기 위한 시설이었다.

숭어를 잡을 때는 숭어가 몰려다니는 곳에 먼저 그물을 가라앉힌다. 그대로 기다리다가 망루에서 보내는 신호에 따라 그물을 당기면 되었다.

숭어도 여느 물고기와 같이 떼를 지어 다닌다. 떼를 지어 다니는 모습은 달랐다. 먼저 첨병의 무리가 나타난다. 첨병의 수는 그다지 많지 않다. 뒤를 이어 조금 많은 무리가 나타나는데 그 역시도 더 많은 무리의 안전을 위한 정찰병이라고 할 수 있다.

이때까지도 망루에서는 가만히 지켜본다. 두 번째 무리가 움직일 때까지도 가만히 기다린다. 마지막으로 나타나는 것은 셀 수 없을 만큼 많은 숭어 떼다. 위험요소가 없다는 첨병들의 판단에 따라 움직이는 무리다. 숭어잡이는 이때를 잘 간파해야 한다.

"숭어다! 호각을 불어라."

망루에서 아래를 내려다보는 사람의 신호에 따라 호루라기를 불면 그물을 당긴다. 그럴 때면 그물이 늘어질 만큼 많은 숭어가 잡히곤 했다.

남편이 숭어잡이를 돕게 되면서 살림살이가 조금 나아졌다.

“하치나칸에서 인분을 퍼다 파는 일은 이제 그만 합시다.”

남편은 아내 혼자서 힘든 일을 하는 것이 안쓰러웠다.

남편의 간곡한 부탁에 아내는 하던 일을 그만두었다. 그 대신 등대 근처를 드나들며 작정하고 소나무를 돌보기 시작했다. 해풍을 맞으면서도 적당한 간격을 유지하고 사는 소나무들이 대견했다. 소나무에 들러붙어 진액을 빨아먹는 송충이들을 직접 잡아 주는 것은 아내의 즐거움이었다. 자신의 손길이 닿으면 솔잎들의 푸른빛이 더 짙어지는 듯했다.

얼마 뒤 등대 근처 송림에는 민간인의 출입이 통제되었다. 등대 근처에 일본인들이 해군기지를 설치하면서 철조망을 친 것이다. 일본인들의 서슬은 퍼랬다. 해군들의 주둔이 시작되자 민간인들은 절대로 드나들지 못하게 했다.

“나쁜 놈들. 이 땅이 누구네 땅인데 남의 나라를 제 나라처럼 차지하곤, 이제 조선인이 다닐 길까지 저들 맘대로 하겠다는 건가?”

남편은 분개했다. 그러면서 아내에게 일렀다.

“안타깝지만 절대로 등대 숲엔 가지 마시오. 왜놈들의 동태가 심상치 않소.”

남편의 말에 결코 토를 다는 일이 없던 아내는 그러마고 했다. 그 말은 사실이었다. 크고 작게 운영되던 후리어장들이 일본인들의 손아귀로 속속 들어갔다. 하나둘씩 후리어장을 사들인 일본인들은 방어진 사람들을 고용하기 시작했다. 나라의 모든 정책이 일본의 뜻대로 돌아가고 있었다.

일본인들의 기세는 나날이 등등해졌다. 일본인들에게 빌붙는 사람들도 생겨났다. 일본인들이 운영하는 후리막에서 잡일을 거들 수만 있어도 다행이라 여길 정도였다. 그럴수록 인정도 메말라 갔다. 한 동네 사람들끼리도 서로를 믿지 못하는 일도 늘어갔다.

그렇게 흐른 세월이 30여 년이었다. 일본의 찬탈과 억압은 강도가 점점 더해졌다. 창씨개명으로 사람들을 들들 볶았다. 창씨개명을 반대하는 사람들은 일본 경찰의 감시를 받았다. 우리말을 쓰거나 창씨개명을 하지 않은 사람은 일본식 이름을 갖는 굴욕보다 더한 고통과 굴욕을 당해야 했다.

약한 것은 사람의 마음이었다. 처음에는 단단한 결기를 세우며 반대하던 사람들도 어쩔 수 없이 창씨개명을 하게 되었다.

"우리가 왜놈인가? 엄연한 뿌리가 있는데 조상님들로부터 받은 성씨를 왜놈식으로 바꾼다는 게 말이나 돼!"

남편은 벌떡 일어섰다. 훌쩍, 큰 키가 천장에 닿을 것 같았다.

"힘들더라도 얼마 동안만 참으시오. 일본놈들 패악이 나날이 심해지는 걸 보니 어딘지 초조해 보이는 것이 이 상황도 오래 가진 않을 거요."

아내에게 알쏭달쏭한 당부를 끝낸 남편은 집을 나섰다. 먼 길을 가는 듯한 느낌에 아내는 불안했다. 그러나 얼굴에 가득 찬 결기가 워낙 단호해서 아무 것도 물을 수가 없었다.

한 달이 지나도록 남편에게서는 소식이 없었다. 독립군이 되려고 집을 떠난 사람들이 많다는 소식이 들렸다. 아내는 불안했다. 후리막에 가면 남편의 소식을 들을 수 있을까, 아내는 동료들에게 수소문을 했지만 아무도 남편의 행방을 아는 이가 없었다. 애가 탔다.

"왠지 오래 안 보인다 캤더만 집을 비웠구만. 아마 독립군으로 갔을 걸. 나라가 아무리 좋아도 저렇게나 고운 색실 두고 가고 싶었을까?"

몇 번 얼굴을 보았던 어장 동료가 능글맞게 말했다. 아내는 가슴이 철렁했다.

수소문을 해본 것이 탈이었다. 그날부터 아내는 일본 경찰의 감시를 받아야 했다. 아내는 점점 불안하고 초조해졌다. 아무도 모르게 야반도주라도 하고 싶었지만 그럴 수가 없었다. 혹시라도 남편이 돌아오면 영영 생이별이 될 것 같아서였다.

시간이 지나면서 마을 사람들도 아내를 멀리 했다. 다시 하치나칸에서 인분이라도 져다 팔고 싶었지만 그마저도 아내에게는 해당되지 않았다. 하치나칸은 일본인들의 가옥이었다. 그런 데서 독립군이 된 남자의 아내에게 일거리를 줄 리가 없었다. 아내는 입에 풀칠을 하기도 버겁게 되었다.

'이대로 있을 수는 없어.'

아내는 깨끗하게 빨아 정돈해 둔 옷을 꺼냈다. 남편의 옷도 한 벌 챙긴 아내는 혼인의 증표로 받은 옥가락지도 꺼내서 꼈다. 첫 새벽, 아무도 잠에서 깨지 않은 시각을 틈타 아내는 샘물을 길었다. 바가지에 담은 샘물을 고이 들고 오랫동안 자신이 돌봐 온 소나무 앞으로 갔다. 새벽바다를 내려다보는 두 그루의 소나무가 마치 자신들의 모습 같았다.

아내는 두 그루의 소나무에 옷을 하나씩 걸쳤다. 한 그루에는 자신의 옷을, 한 그루에는 남편의 옷을 걸친 뒤 말했다.

"서방님, 절 받으셔요."

아내는 남편의 옷을 걸친 소나무에 납죽 절을 했다.

"살아계시거든 이 옷을 가져가 입으셔요. 제가 없는데 누가 옷을 지어드리겠어요?"

남편을 원망하는 대신 무사하기만을 빈 뒤 아내는 돌아왔다.

며칠이 지났다. 따개비며 다시마, 곤피 따위를 따서 죽을 끓여 겨우 연명하던 아내는 첫 새벽에 다시 집을 나섰다. 소나무 두 그루를 보러 가기 위해서였다.

"서, 서방님."

아내는 저도 모르게 남편인 듯 소나무를 안았다. 이상한 일이었다. 세찬 바닷바람에도 자신의 옷을 걸친 나무는 그대로 있었다. 남편의 옷만 없어진 것이다.

남편이 걷어간 것이라고 믿고 싶었다. 그런 믿음은 남편이 멀지 않은 곳에 살아 있다는 확신으로 바뀌었다. 아내는 두근거리는 가슴을 안고 서둘러 발길을 돌렸다. 해가 돋으면 일본 군인들에게 잡힐지도 모를 일이었다.

하루를 한 달처럼 보내면서 아내는 남편의 다른 옷을 손질했다. 온 밤을 삭풍이 몰아쳤다. 인심까지 메마른 땅을 할퀴는 겨울 삭풍의 서슬도 아내를 잠 못 들게 했다.

'이 추운 날 서방님은 요기나 하시는지, 의복이나 제대로 입으시는지…….'

아내의 남편 걱정에 겨울밤이 하얗게 지샜다.

다음 날 아내는 손질한 옷을 소나무에 걸쳐 주었다. 자신의 옷은 여전히 그대로였다. 일부러 묶어 준 것도 아닌데 용케도 나뭇가지에 걸쳐져 있었다.

남편의 무사귀환을 빌면서 돌아온 아내는 그날부터 남편의 옷을 짓는 일로 날을 보냈다. 베를 구하는 일은 여간 어려운 일이 아니었다. 처음에는 집에 있는 자투리 천들을 이어서 옷을 만들었다. 누더기 같긴 했지만 남편은 이해하리란 믿음에 그 옷도 곱게 보였다.

옷은 며칠에 한 번씩 없어지기도 하고, 하루 만에 없어지기도 했다. 남편이 걷어가는 것이 분명하다는 생각은 확신으로 바뀌었다.

무심한 세월이 몇 해 더 흘렀다. 그 동안 아내가 지어서 소나무에 걸친 옷은 셀 수도 없었다. 베를 구할 수가 없게 되자 아내는 풀을 엮어서 옷을 짓기도 했다. 참으로 신기하게도 남편이라 여기며 걸어둔 소나무의 옷만 며칠에 한 번씩 없어졌다. 그 사이 아내의 옷은 겨우 세 벌이 사라졌을 뿐이다.

"어디서 헐벗지는 않았겠지요?"

굶기를 부자가 밥 먹듯 하는 사이 깡마른 아내가 소나무를 잡고 중얼거렸다.

한여름이라 첫새벽인데도 땀이 줄줄 흘렀다. 아내는 곧 쓰러질 것 같았다. 단단한 바위에 뿌리를 내린 소나무도 허약하고 깡마른 아내와 모습이 흡사했다. 그런 몸으로 질긴 목숨을 이어가는 소나무가 아내는 안쓰러웠다. 마치 제 모습을 보는 듯해서였다.

아내는 풀로 새로 지은 옷 두 벌을 두 그루 소나무에 정성껏 걸쳤다. 그리고는 죽을힘을 다해 소나무에 절을 했다. 그것이 마지막이었다. 절을 하고 일어서던 아내가 기운이 빠지며 바다로 떨어진 것이다.

며칠 뒤 해방이 되었다. 사람들은 만세를 부르며 등대 숲으로 모여 들었다.

"저것 좀 보시게. 저 소나무는 전생에 부부였던 거 같아."

"부부가 맞구만. 하나는 남자 옷을 걸쳤고, 그 옆에 있는 건 여자 저고리를 걸쳤구만."

숲에서 해방의 기쁨을 만끽하던 사람들의 눈에 띈 소나무는 옷을 걸

치고 있었다. 풀로 지은 옷이지만 그건 분명 남자와 여자의 옷이었다. 그들 중 몇몇은 문득 자신들의 배타심 속에 어디론가 사라진 부부를 떠올렸다. 독립군이 된 남편을 애타게 기다리던 아내의 모습에 슬그머니 미안한 마음도 들었다.

몇몇 사람들이 부부 같다는 말에 그 소나무는 자연스럽게 부부송이 되었다. 부부송이 자라는 바위는 마치 바닷가 언덕에 지은 오두막 같다. 세월이 흘러도 부부송의 모습은 한결 같이 오두막을 지키는 모습이다. 어려울 때나 기쁠 때나 금슬이 변함없는 부부를 닮은 부부송.

가만히 보고 있으면 저절로 중얼거리게 되는 시가 있다.

함께 있되 거리를 두라
그래서 하늘 바람이 너희 사이에서 춤추게 하라
서로 사랑하라
그러나 사랑으로 구속하지는 말라
그보다 너희 혼과 혼의 두 언덕 사이에
출렁이는 바다를 놓아 두어라

서로의 잔을 채워 주되 한 쪽의 잔만을 마시지 말라
서로의 빵을 주되 한 쪽의 빵만을 먹지 말라
함께 노래하고 춤추며 즐거워하되
서로는 혼자 있게 하라
마치 현악기의 줄들이 하나의 소리를 낼지라도
줄은 서로 혼자이듯이

서로의 가슴을 주라
그러나 서로의 가슴속에 묶어 두지는 말라
오직 큰 생명의 손길만이 너희의 가슴을 간직할 수 있다.

함께 서 있어라
그러나 너무 가까이 서 있지는 말라
사원의 기둥들도 서로 떨어져 있고
참나무와 사이프러스는 서로의 그늘 속에선 자랄 수 없다

— 칼릴 지브란, 「결혼에 대하여」 전문

아름답고도 애절한 대왕암의 전설 바위들

대왕암 북쪽 바다에는 크고 작은 기암괴석들이 절경을 이루고 있다. 보고 있노라면 오랜 세월 겪었을 풍상보다 아름다움이 먼저 느껴지는 바위들이다. 언제부터였을지 모를 오랜 옛날부터 침식과 풍화가 거듭되는 동안 생겨나기도 하고 없어지기도 했을 바위들. 아무리 단단한 바위도 세월의 흐름에는 그 모습이 바뀌게 마련이다. 처음 이름이 생겨났을 때와 다른 모습으로 보이는 것은 어쩌면 당연한 일이다.

이 근방에는 민섬을 비롯하여 남근암(할미바위), 탕건암, 사근방, 거북바위 등으로 불리는 바위들이 즐비하다. 그 바위들은 파식으로 생긴 해안 골짜기와 어울려 더욱 절경을 만들어낸다. 경상도 지방에서는 물결이 육지를 깎아내는 파식으로 생겨난 골짜기들을 '홈치'라고 부른다. 홈치는 손가락의 등을 일컫는 말이지만 그 모양새가 '한꺼번에'라는 사전의 뜻과도 일치한다. 여러 개의 손가락이 무언가를 자기 것으로 하여 한꺼번에 몰래 가져가려는 모습이다.

어풍대에서 바라본 민섬과 용굴

공교롭게도 홈치 앞에는 신비로운 이야기를 안고 있는 탕건암이 있다. 홈치는 마치 이 탕건을 훔쳐가려는 거대한 신의 손길 같기도 하다. 홈치라는 이름만 듣고도 그 모습이 연상되는 풍경이 아닐 수 없다.

민섬은 일산만의 동쪽 해중에서 방파제 역할을 하고 있는 섬이다. 원래는 불모不毛의 섬을 '민禿섬'이라고 한다. 또한 '민섬'을 길게 읽어 '미인섬'으로 부르기도 한다. 민섬은 실제로 보는 위치에 따라서 미인이 누워있는 모습이기도 하다.

사근방은 한해개안 동편 해중에 선 바위이다. 이 바위에 햇살이 비치면 사금처럼 빛이 난다 하여 붙은 이름이다. 지명의 어원을 살펴보면, 지명에서 '사沙'는 동녘을 뜻하는 '새東'의 취음, '근斤'은 '큰大'의 취음으로, 이는 '동쪽의 큰 바위'라는 뜻이 담겨져 있지만 이곳 역시 근처 바위들의 전설과 맥을 같이 한다.

남근암은 하늘나라의 규율을 어기고 땅에서 살고 싶어 하던 선녀를 데리러 왔던 하늘나라 서궁의 장수였다. 용왕의 근위대장인 거북을 처

대왕암공원 해안

치하려고 했지만 탕건을 떨어뜨리는 바람에 그 자리에서 바위가 되고 만 처지다. 드문드문 자리한 이들 바위에 얽힌 아름답고도 애절한 이야기는 바위 하나하나도 예사롭게 보이지 않게 한다.

* * *

예로부터 대왕암 인근은 아름답기로 소문난 곳이었다. 사철 맑고 푸른 물결과 높지 않은 파도는 바위들과 어울리기를 아주 좋아했다. 주변에는 인가도 드물었다. 사람의 발길이 뜸하다 보니 바위와 나무들은 제멋대로 자라 선경을 만들었다. 햇살이 맑게 쏟아지는 날이면 이곳을 눈여겨보는 이가 있었다. 옥황상제의 궁녀인 선녀 중 막내 민이었다.

그날도 눈이 부시도록 햇살이 맑았다. 대왕암 해변 백사장에 햇살이 쏟아졌다. 그 햇살은 얼마나 강렬한지 하늘로 반사되어 은하수에 닿았다. 은하수가 환해졌다.

"아~ 곱다."

선녀 민이 눈을 가늘게 떴다. 민은 때마침 빨래를 하러 나왔던 중이었다. 빨래를 헹구던 민은 넋을 놓고 은하수에 반사된 햇살을 보고 있었다.

"단 하루라도 좋으니 물에 손 넣는 일에서 해방되고 싶어."

은하수에 빠진 햇살을 손으로 훑으며 민이 중얼거렸다.

하늘나라는 지상에 사는 사람들이 누구나 부러워하는 곳이었다. 남녀의 구분은 오로지 선남선녀로만 지을 뿐 신분의 차이가 없는 곳이다.

그렇지만 아무리 좋은 것도 비교 대상이 없으면 좋은지 나쁜지 알 수 없는 일이었다. 이런 하늘나라가 민은 때때로 따분했다. 빨래하는 일이 힘든 것은 아니었다. 그 일이 싫은 것도 아니었다. 다만 매일 같은 일을 반복한다는 사실이 가끔은 지겨웠다. 다른 선녀들이 하는 일에 대한 호기심도 많았다. 일을 바꿔서 하고 싶었지만 그럴 수가 없었다. 그것이 규율이었다.

그 대신 시간제한은 없었다. 누구나 정해진 일만 하면 나머지는 자유롭게 보낼 수가 있었다. 다만 하늘나라를 벗어나는 일만은 일 년에 한 번 외에는 결코 허용되지 않았다. 일 년에 한 번은 하늘에서 지상으로 무지개다리가 길게 내걸린다. 그 날은 선녀들에게 외출이 허용되는 날이었다.

민은 다른 선녀들과는 달리 매우 활달하고 명랑한 성격이었다. 호기심도 왕성했다. 언니들로부터 외출 이야기를 들은 민은 마구 설레고 들떴다.

"너도 올해부터는 지상에 내려갈 수 있으니 따분함을 잊을 수 있을 거야."

민의 마음을 아는 언니들이 달랬다. 그 동안 틈만 나면 하늘나라 언저리로 마실을 다니는 민이 언니들은 불안했다. 끊임없이 일탈을 꿈꾸는 막내가 언제 무슨 일을 저지를지 모를 일이었다.

"그래. 며칠 후 무지개다리가 내걸리면 하루 동안 지상으로 내려가는 거야."

"아~ 빨리 그날이 왔으면……."

민의 눈빛이 몽롱해졌다. 무언가 새로운 생각을 할 때면 나타나는 민의 눈빛이었다.

다른 선녀들은 불안했다. 아무래도 민이 꾸어서는 안 될 꿈을 꾸고 있음이 분명하다는 생각이 들었다.

며칠이 지났다. 하늘에서 지상으로 무지개다리가 내려졌다. 알록달록 고운 무지개다리를 내린 옥황상제가 말했다.

"오늘 하루다. 해가 저물기 전에 돌아오지 않으면 하늘 문이 닫힐 것이니 서둘러라."

민은 옥황상제의 말을 귓등으로 흘려들었다. 처음 하는 지상나들이였다. 따분한 일상에 가뭄 끝의 단비 같은 추억을 만들 일에만 들떴다.

"진은 다른 아이들을 잘 챙겨야 하느니라. 언젠가처럼 거북바위의 용모에 넋이 빠져 늦는 일은 결코 용납하지 않으리. 거북바위 근처에는 얼씬도 하지 말아야 하는 건 알고 있으렷다!"

옥황상제는 맏언니인 진에게 한 번 더 주의를 주었다.

"저희 염려는 마셔요."

다른 선녀들이 진의 걱정을 덜어 주려는 듯 입을 모아 대답했다.

사뿐 무지개다리를 타고 일곱 선녀가 땅으로 내려왔다. 대왕암 기슭이었다. 지상에서 보는 하늘은 푸르기가 끝 간 데 없었다. 바다도 깨끗했다. 투명하리만치 맑은 쪽빛 물결은 민의 마음을 사로잡기에 충분했다.

"우와~ 언니들! 언니들은 이렇게나 아름다운 델 해마다 다녀갔단 말이에요?"

"너도 이제 해마다 올 텐데 뭘?"

"여기서 살면 정말 재미있겠다. 아예 여기서 살까 보다."

민의 말에 언니들은 화들짝 놀랐다.

"그럴 거 같지? 우선 보기에 좋지 하늘나라만큼 좋은 데가 어디 있는 줄 아니?"

"그러엄. 지상에서는 생로병사라는 게 있어서 나면 반드시 늙고 병들고 죽게 돼 있어."

"땅에 사는 사람들이 하늘나라를 부러워하는 걸 보면 모르겠니?"

"……."

민은 대답이 없었다. 풀죽은 듯한 민의 표정에 언니들은 마음이 놓였다. 민의 호기심에 찬물을 충분히 끼얹었다고 생각했다.

민의 생각은 달랐다. 자신처럼 땅을 부러워하는 선녀들도 있다는 걸 언니들이 모르는 게 답답할 뿐이었다. 푸른 물이 넘실대는 바다와 물새들의 노래는 자신을 환영하는 것 같았다. 드문드문 박힌 조개껍데기 같은 오두막들은 서로 어깨를 겯고 있는 작은 별처럼 정다웠다. 생전 처음 보는 풍경에 민은 넋을 잃고 말았다.

선녀들은 아무도 없는 호젓한 바다에서 마음껏 놀았다. 더운 기운이 느껴졌지만 헤엄을 치고 물장난을 하다 보니 시원했다. 즐거운 마음으로 보내는 하루는 짧았다.

"어서 돌아가자. 해가 저물면 무지개다리도 걷힐 거야."

진의 말에 나머지 선녀들도 서둘렀다. 해가 설핏했다.

그런데 민이 보이지 않았다. 진을 비롯한 여섯 선녀들은 가슴이 철렁했다. 기암괴석들이 어우러진 바다 풍경에 넋을 잃고 노는 바람에 민을 챙기지 못한 것이었다. 해가 지기 전까지 여기저기 찾아보았지만 민의 모습은 어디에도 없었다.

"어떡하지?"

"혹시 거북바위에 간 건 아닐까? 그 근처에는 얼씬도 하지 말랬는데……."

그제야 생각난 듯 둘째 선녀가 걱정을 했다.

거북바위는 용왕의 근위대장이었다. 용맹하고 인물도 좋아서 용궁에 사는 시녀들이 누구나 사모하는 대상이었다. 용왕은 걱정이었다. 한 명의 장수 때문에 숱한 시녀들을 모두 처벌할 수는 없었다. 그렇다고 그냥 두자니 상사병을 앓는 시녀들이 늘어만 갔다.

"용왕의 여인들인 시녀들이 근위대장을 흠모하다니!"

용왕은 화가 났다. 근위대장을 아끼는 마음은 변함이 없었으나 그대로 둘 수는 없었다. 용궁의 기강이 흔들릴 지경이었다.

"근위대장은 바다 입구를 지키는 수비대장으로 보직을 변경하노라. 다만 낮에는 바위의 모습으로 지내야 하느니라."

근위대장은 충성심 하나로 뭉친 장군이었다. 용왕의 뜻에 기꺼이 따르기로 했다.

물 밖으로 나온 근위대장은 거북바위의 모습이었다. 낮게 엎드린 모습이었지만 굳건한 모습에서는 위엄이 풍겼다. 그 위상에 누구도 감히 용궁을 넘볼 수 없었다. 용궁은 잠잠해졌다.

그러나 내면의 멋은 숨길 수가 없었다. 바위의 모습으로 화한 근위대장의 소문은 인근 마을로 번져갔다. 처녀들이 유난히 거북바위 근처를 배회하기 시작했다. 다행히 밤이 될 때까지 바닷가를 거니는 처녀들은 없었다. 거북바위가 용맹하고 인물 좋은 근위대장의 모습이 된다는 걸 아는 이는 없었다.

그렇지만 사실을 전해들은 용왕은 다시 고민이 되었다. 근위대장의 충성심을 믿지 못하는 것은 아니었다. 다만 아무리 굳은 마음이라고 해도 아리따운 처녀들의 수작을 뿌리치기만 하는 일은 적으로부터 바다를 지키는 것보다 힘들 수도 있었다. 남성의 마음을 누구보다도 잘 아는 용왕이었다. 자칫하다가는 근위대장이 바다를 수호하는 일조차 소홀히 하게 될까 봐 걱정이었다.

"근위대장의 근처에는 물안개로 흐려지는 일이 결단코 없게 하라."

용왕은 거북바위 주변을 늘 환하게 하도록 일렀다. 작은 움직임도 어디서나 식별이 가능하게 하려는 작전이었다.

그렇지만 하늘과의 조화가 문제였다. 바다는 용왕의 권한대로 다스리는 곳이었지만 물 밖은 달랐다. 거북바위가 발을 딛고 있는 바다는 용왕이 다스렸지만, 몸이 드러난 곳은 하늘의 몫이었다.

옥황상제는 일 년을 사계절로 나누어서 다스렸다. 나머지 계절은 문제가 아니었으나 여름이 문제였다. 더운 계절이다 보니 물가에는 자연 안개가 서리게 마련이었다. 그렇다고 무지개다리를 다른 계절에 내릴 수도 없었다. 다른 계절은 추워서 선녀들이 물가에서 놀 수가 없기 때문이었다.

그 때문에 생긴 규율이 거북바위 근처에는 얼씬도 하지 않는 것이었다. 여섯 선녀들은 추상같은 옥황상제의 영을 염두에 두고 있었지만 민은 달랐다. 천방지축 명랑 쾌활한 성격에 호기심까지 대단했으니 이 특별한 기회를 놓치고 싶지 않았다.

거북바위의 모습에 반한 민은 바위에 몸을 찰싹 붙였다. 언니들의 눈에 띄지 않기 위해서였다. 해가 기울 때까지 언니들은 민을 찾을 수가 없었다.

"일단은 돌아가자. 가서 상제님께 사실대로 고하자."

진의 결정에 따를 수밖에 도리가 없었다.

보라색 다리만 텅 빈 채로 선녀들이 오르자 무지개다리는 동그랗게 말려 올라갔다. 무지개다리가 해까지 걷어 올린 듯 사방은 점점 어두워지기 시작했다.

거북바위에 업히듯 숨어 있던 민은 혀를 쏙 내밀었다.

"난 여기서 살 거야."

대왕암의 풍경에 매료된 민이었다.

민이 거북장수의 모습에 반해서 하룻밤을 보내는 사이 하늘나라에서는 큰 소동이 일었다.

"너희에게 일 년에 한 번 주던 지상으로의 휴가는 이제 없을 것이다."

여섯 선녀들에게 유일한 낙이 없어진 것이다. 이것은 가장 혹독한 벌이었다. 옥황상제의 주의를 잊고 막내를 제대로 지키지 않았다는 죄목이었다.

하늘나라에서는 민을 단죄할 방법을 의논했다. 이미 지상에서 하루를 넘긴 뒤라 하늘나라로 불러올릴 수는 없었다. 하룻밤을 넘기면서 지상에서 겪는 생로병사를 경험했기 때문이다. 늙고 병드는 일을 모르고 사는 선녀들이 민의 늙어가는 모습을 보게 하고 싶지 않았다.

옥황상제는 아무도 몰래 민을 데려 올 생각이었다. 서쪽 궁궐에 가둔 채 죽는 날까지 공주들의 속곳이나 빨게 할 요량이었다. 옥황상제는 용맹한 데다 키도 훌쩍 컸지만 인물은 아주 볼품없는 서궁의 장수를 은밀히 불러들였다.

"너는 내일 당장 지상으로 내려가서 선녀 민을 데리고 오너라."

옥황상제는 서궁 장수에게 투명탕건을 주었다.

지상으로 내려가서 하루만 지나면 다시는 올라올 수 없는 것은 하늘의 규율이었다. 그걸 어기고 민을 데려오려는 건 옥황상제로서도 스스로가 만든 법을 어기는 일이었다. 그 때문에 다른 선녀들이 알아서는 안 되었다.

서궁 장수에게 투명탕건을 하사할 수밖에 없는 이유는 또 있었다. 서궁 장수가 일을 처리하고 하늘나라로 올라오는 것 역시 하루 안에 끝내야 했다. 그런데 모습을 드러냈다가는 서궁 장수가 일을 지체할 위험을 배제할 수 없었다. 머리가 복잡해진 옥황상제는 처음으로 꼼수를 쓰기로 했다.

"이 탕건은 머리에 쓰기만 하면 모습을 감출 수가 있느니라. 이걸 쓰고 움직이면 네 모습이 다른 이들의 눈에는 띄지 않을 것이니 조금만 조심하면 민을 데려올 수 있을 것이다. 다만 탕건이 벗겨지면 일이 쉽지 않을 거라는 건 명심해라."

"염려 마시옵소서."

"곧 떠나도록 하라. 대신 내일 이 시간까지는 반드시 돌아와야 하느니라."

옥황상제의 특명을 받은 서궁 장수는 탕건을 받고 그 자리를 물러났다.

탕건을 쓰고 거울을 보았다. 아무것도 보이지 않았다. 서궁 장수는 그 길로 빗물을 타고 대왕암 근처로 내려갔다.

그날도 거북바위 근처에서는 많은 처녀들이 물질을 하고 있었다. 햇살에 사금처럼 빛이 나는 바위 근처에도 처녀들이 많았다. 처녀들의 수군거림을 들은 서궁 장수는 더욱 궁금했다. 처녀들은 거북바위에 바칠 사금을 채취하는 중이라고 했다.

거북바위의 모습은 과연 멋있었다. 뭇 처녀들이 마음을 빼앗길 만한 모습이었다. 민의 마음을 알 것도 같았다. 뙤약볕 아래서도 사금을 채취해서 바치고 싶을 만큼 멋진 거북바위의 모습과, 키만 우뚝 클 뿐 울퉁불퉁 못 생긴 자신의 모습은 한눈에도 비교되었다. 짐짓 주눅이 들었다.

그럴수록 서궁 장수는 민을 찾아 눈을 부릅떴다. 묘한 경쟁심이 일었다. 하지만 물질을 하는 처녀 중에 민은 없었다. 거북바위의 근처를 천천히 돌던 서궁 장수는 하마터면 소리를 지를 뻔했다. 거북바위의 등에 붙박인 듯 업혀 있는 민을 발견한 것이다. 언뜻 보면 그것은 거북장수가 찬 화살 통처럼 보였다. 처녀들은 누구도 민의 모습을 알아채지 못한 듯 했다.

'옳아!'

거북바위에서 민을 떼어내기만 하면 될 것 같았다.

서궁 장수는 밤이 되길 기다렸다. 아무리 자신의 모습이 남의 눈에 띄지 않는다고 해도 숱한 처녀들을 피해서 민을 떼어내기는 힘든 일이었다.

해가 뉘엿해지자 처녀들은 모두 돌아갔다. 남은 것은 민뿐이었다.

"낭자. 넙디기로 갑시다."

"네, 장군님."

거북바위와 민의 대화에 서궁의 장수는 화들짝 놀랐다. 그저 바위인 줄로만 알았던 거북바위가 늠름한 근위대장의 모습으로 변해서 민과 대화를 나누고 있지 않은가! 장수가 된 거북바위는 민을 매단 채 풀쩍 뛰었다. 거북장수가 내린 곳은 용굴 앞에 있는 경사가 완만하고 편평한 바위였다.

살금살금 물길이 일지 않게 거북바위로 접근하던 서궁 장수는 저도 모르게 움찔했다. 다시 넙디기까지 움직여야 한다는 생각보다 근위대장이 된 거북바위의 용모에 놀란 것이다. 근위대장의 풍채는 어둠속에서도 빛이 났다. 그 바람에 물길이 갑자기 움직였다.

"가만! 누가 가까이 오고 있소."

"……!"

근위대장의 말에 등에서 내려오려던 민은 소름이 끼쳤다. 민을 상대라곤 근위대장밖에 없는 터라 민은 더욱 몸을 찰싹 붙인 채 꼼짝을 하지

대왕암공원의 바위들

않았다.

"웬 놈이냐? 정체를 밝혀라!"

근위대장은 바다가 출렁일 정도로 호통을 쳤다. 야음을 틈탄 침입자라면 가만두어서 될 일이 아니었다.

"낭자. 떨어지지 않게 꼭 잡으시오."

근위대장은 민에게 속삭였다. 잠시라도 민을 떼어놓고 적과 맞붙기에는 불안했다.

잠시 주춤했던 서궁 장수는 물길이 잠잠해지기를 기다렸다. 섣불리 정체를 드러냈다가는 일을 그르칠 수도 있었다. 근위대장의 경계가 느슨해졌을 때쯤 다시 움직일 생각이었다. 서궁 장수는 얼마 동안 가만히 있었다.

"물속에서 누가 장난을 친 게로군."

근위대장이 안도의 한숨을 내쉬었다.

근위대장의 중얼거림을 들은 서궁 장수는 다시 살금살금 움직이기 시작했다. 다행히 근위대장은 서궁 장수의 움직임을 눈치 채지 못했다. 민과 사랑을 속삭이느라 정신이 없었다.

그것을 본 서궁 장수는 순간 피가 거꾸로 솟는 것 같았다. 자신은 지금까지 어떤 여인에게서도 연정은커녕 관심의 눈길조차 받아 본 적이 없었다. 천상의 장수임에도 한낱 바다의 장수보다 못하다는 생각에 울적했다. 그런 자신의 마음에는 아랑곳도 없이 근위대장과 민은 둘이서 한 몸인 듯 끌어안고 있었다.

서궁 장수는 침을 꿀꺽 삼켰다. 화도 나고 뭔가 억울했지만 모든 감정을 섞어서 삼켰다. 자칫 감정을 앞세웠다가는 일을 그르치기 십상인 것을 모르지 않았다.

한참 서로를 껴안고 있던 민과 근위대장이 잠시 떨어졌다. 근위대장만 처치하면 민을 데리고 가는 건 문제가 될 게 없었다.

'옳지! 이 때다.'

서궁 장수는 얼른 칼을 빼들었다.

그런데 칼을 뽑는 소리가 나고 말았다. 모습은 보이지 않는데 칼을 뽑는 소리만 들리자 근위대장은 긴장했다.

"어떤 놈이냐? 비겁하게 숨지 말고 모습을 당당히 드러내고 덤벼라."

호통을 친 근위대장은 소리가 난 쪽을 향해 칼을 휘둘렀다.

서궁 장수는 멈칫했다. 근위대장의 칼솜씨는 예사롭지 않았다. 모습을 보였다면 모든 일은 허사가 될 것 같았다. 굳이 신비스런 투명탕건을 하사한 옥황상제의 뜻을 알 것 같았다.

서궁 장수는 기척을 하지 않았다. 모습을 드러내지 않는 것이 여러 모로 효과적일 것은 틀림없었다. 형체 없이 가하는 위협은 상대를 두려움에 빠지게 하기에 충분한 전략이었다. 그런데 근위대장의 몸놀림을 보아 쉬운 싸움이 되지는 않을 것 같았다.

서궁 장수는 몸을 움츠린 채 다시 기회를 노리기로 했다. 근위대장은 타고난 감지력이 있는 듯했다. 모습을 아무리 숨겨도 자신과 근접한 곳에서 일어나는 움직임에는 아주 민감했다. 칼바람의 위력도 보통이 아니었다.

"어쩌면 옥황상제께서 저를 데려 오라 명하셨는지도 몰라요."

"뭐요?"

"괜히 저 때문에 장군님이 다칠 수도 있으니 잠깐만 자리를 비워 보셔요."

"그럴 수는 없소. 이제는 내가 낭자를 보내드릴 수가 없소. 그리고 둘이 사랑하는데 하늘과 바다가 무슨 걸림돌이 된단 말이오?"

둘의 대화를 들으면서 서궁 장수는 피가 끓었다. 부러움과 시기심이었다. 충성심을 앞세워야 하는 입장이지만 자신의 감정을 숨기기가 힘들 만큼 서로를 아끼는 근위대장과 민의 모습이 부러웠다.

서궁 장수는 다시 칼을 빼들었다. 이미 경계태세를 갖춘 근위대장이었다. 더는 방심할 것 같지 않았다. 최대한 가까운 곳에서 단 칼에 근위대장을 처치할 요량이었다. 게다가 자신의 모습은 보이지 않으니 유리한 입장이었다.

그러나 서궁 장수는 이미 마음의 평정을 잃고 말았다. 지나치게 다정한 둘의 모습에 화가 치민 것이다.

"야입!"

서궁 장수는 저도 모르게 소리를 내지르며 칼을 휘둘렀다.

칼보다 소리를 먼저 감지한 근위대장도 칼을 휘둘렀다. 근위대장의 칼바람은 위력이 대단했다. 근위대장이 휘두른 칼바람은 서궁 장수가 쓴 투명탕건을 떨어뜨리고 말았다. 투명탕건은 넘실대는 밤바다 위로 떠다녔다.

"헉!"

"저, 저 자는……."

놀란 서궁 장수를 본 민은 몸을 부르르 떨었다.

"흐음~ 저 따위 탕건 속에 모습을 숨겼단 말이지?"

근위대장은 당황한 서궁 장수의 목을 단칼에 베었다.

근위대장은 목이 잘린 서궁 장수의 시신을 넙디기 북쪽 벼랑에 비스듬히 꽂았다. 서궁 장수가 죽자 투명탕건도 떠다니기를 멈추었다. 그 곳은 홈치의 끝 지점이었다.

"이제 걱정 마시오. 옥황상제도 무술 솜씨가 예사로운 장수를 보내진 않았을 것이오. 그런 장수도 못 미더워서 투명탕건까지 하사한 걸 보면 더는 낭자를 데려갈 생각은 못할 것이오."

근위대장은 민을 안심시켰다.

이런 사실을 낱낱이 전해들은 옥황상제는 화가 머리끝까지 났다. 더구나 몸체만 남은 채 넙디기에 꽂힌 서궁 장수의 이야기를 듣자 마음이 아렸다. 그럴수록 민에 대한 분노는 커져만 갔다.

"민을 당장 바위로 만들어라. 그 곳에는 아무것도 자랄 수 없게 하되, 바다로도 더 이상 나아갈 수 없고, 육지로도 갈 수 없는 지점에 머물게 하라. 또한 서궁의 장수는 죽었지만 그 혼만은 은밀하게라도 여인들의 마음을 받게 하라."

옥황상제의 명은 추상같았다. 민은 그대로 바위섬이 되었다.

대왕암 바위와 소나무의 멋스러운 문인화(가람 하인숙 畵)

민의 이름을 딴 바위섬은 민禿섬으로 불렸다. 민둥민둥한 대머리 같은 불모의 섬이라는 뜻이었다. 그러던 것이 세월이 흐르면서 미인섬으로 불리기도 한다. 전설에 걸맞은 민의 용모와 어울리는 이름이다.

근위대장은 민의 모습에 마음이 아팠다. 밤에는 늠름한 근위대장의 모습으로 변해서 민을 보러 갔지만 애만 탈 뿐이었다. 몸은 온통 딱딱한 바위인 데다 꼼짝도 않는 민을 보는 일은 여간 괴롭지 않았다.

더는 가까이 할 수 없는 민을 그리던 근위대장 역시 그대로 심장이 굳어갔다. 심장이 굳으면서 몸도 점점 굳어 갔다. 밤에도 근위대장의 모습으로 바뀌기를 게을리 한 채 세월이 흐르면서 근위대장은 그대로 바위가 되었다.

머리가 잘렸지만 여전히 키가 우뚝한 서궁 장수는 남근암으로 불리기 시작했다. 널찍한 바위 한켠에 우뚝 선 모습이 남근을 닮았다는 데서 비롯된 이름이었다. 세월이 흐르면서 남근암은 마을 처녀들이 소원을 비는 바위로 바뀌었다. 마을 처녀들은 남근암에 서기瑞氣가 낀 날이면 은밀하게 찾아들어 배필을 찾아달라는 소원을 빌곤 했다. 그와 함께 남근암에 서기가 낀 날이면 근처 마을 처녀들이 바람이 난다는 소문이 나기 시작했다.

남근암은 보는 위치에 따라 아이를 업고 가는 할머니처럼 보이기도 한다. 그런 모습 때문에 '할미바위'라고도 부른다. 이는 아이를 점지해주는 삼신할미를 염두에 둔 아낙들이 지은 이름일지도 모른다.

동해를 지키는 빛

울기등대

울기등대는 대왕암공원 내에 설치되어 있다. 숲속에 자리 잡은 덕분에 여느 등대와 달리 경관이 아주 아름답다. 봄부터 가을까지 등대로 가는 길은 아름다움을 더한다. 길섶에서 자라는 야생화들이 철따라 피고 지는 것만으로도 흐렸던 마음이 밝아지는 길이다. 타래붓꽃, 수선화, 해당화, 해국 등 각종 야생화의 이름을 외며 걷다 보면 나지막한 등대의 마중을 받게 된다. 바다와 숲과 어우러진 등대는 외롭다기보다 한가하고 여유로운 모습이다. 울기등대에서 울리던 무적霧笛소리는 아름다운 소리로도 잘 알려져 있다. 이처럼 아름다운 등대지만 그 역사는 아픔을 수반한다.

등대의 역사는 1906년에 건립된 것으로 알려져 있다. 그러나 이보다 1년 앞선 1905년에 먼저 등간燈竿을 설치하였다. 러일전쟁을 치르는 과정에서 나무등대를 급조했던 것이다. 이듬해 전쟁이 일본의 승리로 끝나면서 콘크리트 등탑이 세워졌다. 한일합방을 염두에 둔 듯 일제는 이곳뿐만이 아니라 곳곳에 등대를 세웠다. 이는 우리나라의 등대 역사를 살펴보면 짐작이 가고도 남는다.

우리나라의 등대들은 1905년을 전후하여 설립된 것이 많다. 청일전쟁도 있었지만 당시에는 등대시설이 없었다. 청일전쟁의 주 무대는 서해안이었으나 그 지역에는 당시에 세워진 등대가 없다. 그 당시만 해도 우리나라의 주권이 전 국토에 어느 정도는 미쳤다. 일제가 아무리 발버둥을 쳐도 서해안에 등대를 설치할 명분이나 권한이 주어지지 않았던 것이다.

그러나 20세기 초반, 러일전쟁이 발발하면서 국내외의 사정은 많이 달라졌다. 당시 한반도 바다의 실질적인 지배권은 일제가 확보한 상태였다. 해변 요충지마다 등대를 설치한 것은 노골적으로 마각을 드러낸 행위다. 등대의 불빛을 침략야욕을 채우기 위한 수단으로 이용할 계획을 세운 것이다.

당시 일제에게 남은 적은 러시아뿐이었다. 한반도와 만주의 지배권을 둘러싼 일본과 러시아의 대립은 팽팽했다. 그 과정에서 일본의 러시아 함대 기습공격은 러일전쟁을 일으키는 촉매제가 되었다. 조선이 원하든 원치 않든 전쟁의 주 무대도 서해에서 동해로 바뀌었다. 충격과 분노를 이기지 못한 러시아의 니콜라이 2세는 발틱 함대를 극동지역 원정에 내보냈다.

발틱 함대는 기함을 비롯한 구축함, 순양함에 병원선, 수송선까지 거느린 대 전단이었다. 그런데 대규모의 발틱 함대가 대한해협까지 오는 길은 결코 순탄치 않았다. 일본과 동맹관계에 있던 영국이 수에즈운하 통과를 허락하지 않은 까닭이었다. 결국 아프리카 남단을 돌아 인도양과 대서양을 거치는 동안 1만 8천 마일이라는 대장정을 하게 되었다.

무려 7개월에 걸친 이동이었다.

가까스로 대한해협에 도착했을 때 일본 함대는 기다렸다는 듯 발틱 함대를 궤멸시켰다. 만주와 한반도를 상대로 꾸던 러시아의 꿈은 38척 중 19척은 격침됐고 7척이 나포되는 대 재앙으로 끝났다. 이때 발틱 함대의 진입을 감시하기 위해 급조했던 울기등대가 나무등대였다. 당시 독도에까지 나무등대를 설치하는 등 일본은 식민지 정책에 대한 집념을 노골화했다. 러시아에 승리를 하면서 울기등대를 콘크리트로 바꾼 것처럼 일본의 침략야욕도 견고해졌다. 그러므로 당시 등대의 역할이 순수하지 못했음은 당연하다. 선박이 안전하게 항해할 수 있도록 도와주는 역할보다는, 일본 해군의 해상권 장악을 위한 군사전략적 역할이 컸음은 익히 알 수 있는 일이다.

일제가 이곳에 등대를 세운 것은 전략적 요충지임을 간파했기 때문이다. 이에 따라 일제는 이곳에 해군부대를 주둔시킨다. 울기등대는 바로 앞에 날카로운 암초군인 대왕암을 안고 있는 형국이다. 울기등대가 서 있는 곳만 차단하면 이 일대가 천혜의 전략적 기지가 된다는 사실을 일제가 놓칠 리 없었다. 이곳에 등대를 설치하면서 지은 이름이 '울기蔚崎 등대' 다. 울산의 끝에 세운 등대라는 의미였다. 우리 민족에게 결코 아름다운 기억일 수 없는 이유다.

그렇지만 건강했던 역사도 아팠던 역사도 모두 우리 것이다. 역사가 흐르는 과정에서 겪어야 했던 고통도 즐거움도 굴욕도 떳떳함도 잘라낼 수 없는 부분이다. 부끄러운 것이든 자랑스러운 것이든 우리의 것임을 인정해야 한다. 다만 굴욕적인 과거를 타산지석으로 삼아 같은 과오를 범하지 않는 것이 중요하다. 일제가 세웠던 등대와 일제가 강제로 철망을 쳐서 보호되었던 대왕암 송림이 오늘날 아름다운 경관을 자랑하

울기등대 여명

는 곳으로 바뀐 만큼, 그것을 잘 활용하는 것은 새로운 명승지를 일구는 것보다 훨씬 값진 일이다.

우리나라 동남단에서 동해 쪽으로 가장 뾰족하게 나온 부분의 끝 지점에 해당하는 대왕암공원은 이름에 걸맞은 휴식공간의 역할만 하는 것이 아니다. 동해의 길잡이를 하는 울기항로표지관리소로도 유명하다. 이곳 항로 표지소는 1906년 우리나라에서 세 번째로 세워졌다. 이곳에서는 신청자에게 무료로 방을 빌려 주기도 한다. 아름다운 추억거리를 만들어 갈 수 있도록 민박시설을 제공하는 것이다.

2012년 3월부터는 '백년의 빛을 찾아서' 라는 제목의 등대 숙박체험 프로그램도 운영 중이다. 1년 중 10개월 정도를 해가 가장 먼저 뜨는 대왕암공원의 문화재적 의미를 살리기 위한 1박 2일 체험 프로그램이다. 참여대상은 초 · 중학생이다. 11월까지 매월 4주 토요일 오후 2시부터 일요일 오후 2시까지 운영된다. 내용은 다양하다. 등대탐방과 문화공연, 대왕암 해맞이, 숲 체험 등 여느 문화탐방에 비해 특색이 있어 상당한 인기를 얻고 있다.

현재 울기등대에는 두 개의 등탑이 있다. 모두가 백색 팔각형 구조다. 두 등탑의 높이는 현저하게 다르다. 구등탑은 6미터, 신등탑은 24미터로 적당한 거리에서 마주하고 있다. 마치 사이좋은 형제의 모습이다. 구등탑을 보면 아우를 위한 희생으로 먹을 것도 못 먹고, 상급학교 진학도 못한 채 노인이 된 형을 떠올리게 된다. 신등탑은 그 반대의 모습이다. 형의 도움으로 헌칠하게 자라 성공한 아우 같다. 두 등탑은 서로에게 고마움을 느끼는 형제애를 연상케 한다.

등탑이 위치한 곳은 조선시대 국영목장이었다. 목장이 쇠퇴하면서 1906년에 세워진 등탑의 구조는 특이하다. 러일전쟁이 끝난 후 선박의 안전을 위한 시설의 필요성에 따라 만들어진 높이 6미터짜리 돔형의 등대다. 등대 내부는 4층이다. 1층은 휴게실로 울산항의 미래에 관한 자료들이 전시되어 있다. 2층에는 홍보과와 회의실이 있다. 3층은 사무실이며 전망대는 4층이다. 등대 주변에는 야외공연장도 있다.

일제는 이곳을 차지하고 자생한 1만 5천여 그루의 해송이 자라는 지역에 민간인의 출입을 막아 해송림을 조성하였다. 등대는 그 자체만으로도 전략적으로 중요한 시설물이다. 그런 데다 이 지역에 해군까지 주둔하게 되었다. 군사적으로 중요한 요소들을 숨기기엔 해송림이 제격이었다. 자생한 소나무들은 군사 계획에 따라 철저히 보호되었다. 송림 주변에 철망을 치고 오랜 세월 민간인의 출입을 통제했다. 사람의 발아래 남아나는 것이 무엇일까. 오늘날 울창한 송림이 된 것은 사람의 발길이 완벽하게 차단된 덕분이다.

그런데 세월이 흐르면서 문제가 생겼다. 주변의 해송들이 키가 우뚝

울기등대 구등탑과 신등탑

하게 자란 것이다. 건강하게 자란 해송에 가려 바다에서는 등대불이 보이지 않게 되었다. 등대원들은 매년 등대주변의 소나무를 잘라야 했다. 그 일은 여간 번거롭고 힘든 일이 아니었다. 아무리 베어내도 쑥쑥 자라는 소나무들이 직원들에게는 상당한 골칫거리였다.

그래서 1987년에 다시 건립된 것이 신등탑이다. 구등탑에서 50미터쯤 떨어진 곳에 설치된 신등탑은 촛대 모양이다. 늘씬한 데다 조형미가 아주 뛰어난 건축물로 꼽힌다. 신등탑은 멋진 모습으로 동해안을 항해하는 선박들의 길잡이 역할을 톡톡히 하고 있다. 등탑의 건축미를 감상하다 보면 무산霧散을 위한 무적소리가 들릴 듯하다. 그런 느낌에 눈을 지그시 감아 보자. 바닷바람이 울창한 소나무 숲을 돌아나가는 걸 느낄 수 있을 것이다. 그때 소나무들이 쏟아내는 솔향기는 방문객에게 주는 자연의 선물이 아닐 수 없다.

무엇보다도 구등탑을 그대로 둔 채 신등탑을 세운 것은 환영할 일이다. 새로운 것을 만들기 위해서 옛것을 허무는 것은 흔한 일이다. 울기등대가 이런 관례를 깬 것은 참으로 다행한 일이다. 덕분에 조화롭게 마주 선 신, 구등탑을 보는 것도 특별한 문화체험이다. 과거와 현재, 전통과 현대가 공존하는 곳, 실용과 근대문화유산의 조화를 한눈에 감상할 수 있는 것이 특징이다. 또한 외로운 등대의 이미지보다 우애 깊은 형제의 이미지를 더하는 것도 울기등대만의 자랑거리다.

구등탑의 경우 구한말 시대의 건축양식을 볼 수 있어서 문화재적 가치가 높다. 문화재청으로부터 그 가치를 인정받아 등록문화재 106호로 등재되어 있다. 2007년에는 국토해양부로부터 아름다운 등대 16선에 선정되었고 등대문화유산으로도 지정되었다.

동해용이 된 왕

대왕암(용추암)

대왕이란 말에서는 위엄이 느껴진다. 쉽게 범접할 수 없는 근엄함과 그에 걸맞은 품격이 연상된다. 역사 속에서도 대왕은 큰 업적을 세웠거나 뛰어난 통솔력으로 태평성대를 이끈 임금에게만 붙이는 경칭이다. 실제로 미물에게도 대왕이란 호칭을 접두사처럼 붙이기도 한다. 아주 큰 물고기나 곤충들을 부를 때 이름 앞에 붙이는 경우가 있다.

이런 대왕이 바위와 접목되면 대왕이란 말에서만 느껴지던 중후한 느낌들이 한결 무게를 더한다. 대왕암이 그렇다. 이름만 들어도 어딘지 신령스러운 힘이 느껴지고 뜻하는 바를 이뤄줄 것 같은 막연한 기대감이 들기도 한다. 방어진 대왕암 공원 끝자락에 자리한 대왕암은 이런 느낌을 더 하기에 충분하다. 크기며 모양은 물론 빛깔까지 예사롭지 않다. 멀리서 언뜻 보면 길게 엎드린 용의 형상처럼 보이는 대왕암. 과연 바다의 어떤 난타도 버텨낼 기개가 느껴진다.

대왕암은 붉다. 짙푸른 바다에 몸을 담근 붉은 바위는 대왕의 곤룡포를 연상케 한다. 오랜 세월 바다에 뿌리를 내렸으면서도 제 빛깔을 잃지 않은 것은 과연 대왕답다. 날이 맑으면 바다와 하늘은 온통 푸른빛이다. 그 푸른 빛깔 속에서 대왕암의 붉은 빛은 보는 이에게 신묘한 힘을 전한다. 심호흡만 해도 그 정기가 고스란히 폐부를 채울 것 같다.

대왕암은 편하게 오를 수 있다. 철제다리로 연결되어 있어서 굳이 힘들이지 않고도 드나들 수 있는 명소가 되었다. 대왕암 다리를 건너면 섬처럼 생긴 큰바위 전체를 용디이라 한다. 일명 용추암이라고도 하는데 이곳이 대왕암이다. 바위는 불그레한 빛을 띤다. 대왕암이라는 이름이 그 불그레한 빛까지 신비감을 갖게 한다. 이곳에서 바라보는 바다는 유난히 넓고 푸르다. 눈앞을 가로막는 것이 아무것도 없어서 그럴 테지만 아득한 수평선을 망연히 보노라면 여전히 그 너머의 세계가 궁금해진다.

대왕암은 해맞이 명소로 전국에도 널리 알려져 있다. 검푸른 바다를 붉게 물들이는 동안 보는 이들의 가슴은 뜨거운 기대로 출렁거린다. 마치 바다가 품고 있다가 내놓는 것처럼 이곳의 해는 유난히 크고 깨끗하다. 바다에서 떠서 그럴까? 빛은 온 세상을 밝히지만 뜨겁지는 않다. 퐁, 소리라도 낼 듯이 벌겋게 떠오르는 해는 누구에게나 희망이 된다. 매일이 같은 날이고, 매년이 같은 해 같지만 떠오르는 해는 늘 새로운 꿈에 부풀게 한다. 이러한 해를 육지의 끝인 바다에서 맞는 것은 더욱 가슴 벅찬 일이다.

해맞이 명소로도 유명하지만 대왕암은 달맞이 명소로도 자리잡아가고 있다. 해가 밝힌 세상과 달이 밝힌 세상은 다르다. 해가 벗겨낸 어둠 끝에는 화창함이 있지만 달이 벗겨낸 어둠 끝에는 은은함이 있다. 바다 위로 솟는 보름달의 교교함은 무엇으로도 표현하기 힘든 감동이다. 해

하늘에서 본 대왕암

에 비해 다소 찬 느낌이지만 달빛 또한 밤이 주는 차고 어두운 느낌은 조금도 갖지 못하게 한다. 어둠이 없으면 빛나지도 않는 것이 달이지만 둥그렇게 떠오르는 보름 근처의 달은 밤이 얼마나 고마운지를 깨닫게 한다.

달은 예로부터 시인묵객들이 즐겨 노래한 대상이다. 시대가 변하고 사람이 변해도 차고 기우는 달의 주기는 변함이 없다. 우주선이 달을 탐사한 지도 수십 년이 흘렀다. 달 속의 토끼며 계수나무의 신비조차 허구였음이 낱낱이 밝혀졌음에도 달은 여전히 많은 사람들이 소원을 비는 대상이기도 하다. 음기의 대표적인 상징이지만 달도 뜨는 시기에 따라 다르다. 정월 대보름과 한가위에 뜨는 달은 양기가 가득한 것으로 여겨 예로부터 신성시해왔다. 동양에서는 태음력을 썼다. 바다에서든 육지에서든 달의 주기를 기준으로 책력을 만들어 농사를 지어왔다. 달에 대한 믿음이 클 수밖에 없는 것은 당연하다.

한 해의 액운을 날려버리는 정월 보름의 달집태우기, 동산에 올라 달을 맞으며 소원을 비는 한가위의 풍속은 과학이 고도로 발달한 현대에도 아름다운 풍습으로 남아있다. 우리나라는 이처럼 달과 관련한 전통행사가 많았다. 울산광역시 동구청에서는 대왕암을 달맞이 명소로 알리기 위한 행사도 열린다. 2012년에만 해도 주말과 보름이 겹쳐지는 날을 맞아 3회의 달빛문화제를 개최한다. 대왕암 공원 일원에서 열리는 이 축제는 '백년의 빛과 천년 소리의 만남'이라는 주제로 개최하는 동구청의 야심찬 계획이다. 달빛과 음악에 취해서 대왕암공원의 해안 산책로를 걸으면서 오감을 만족시키는 문화체험 프로그램이다.

둥그렇게 떠오르는 보름달을 보면서 체험하는 달빛문화제는 신비감과 감동을 선사하는 대왕암만의 주요 프로그램이다. 고동섬 전망대에

대왕암 야경

서 바다를 밀어내고 떠오르는 달을 보며 공연을 듣는 순서는 달빛문화제의 백미다. 이름이 주는 품격과도 어울리는 대왕암의 해맞이와 달맞이는 다른 장소에서보다 더욱 신비스럽고 벅차다. 『삼국사기』의 문무왕조에 기인하는 결코 평범하지 않은 전설도 한 몫을 한 덕분임은 굳이 부연 설명할 필요가 없겠다.

문무왕은 태종무열왕의 장자였다. 어머니는 김유신의 누이 문희였다. 문희는 언니 보희의 꿈을 사서 무열왕 김춘추와 결혼을 했을 만큼 자신의 앞길을 스스로 개척하는 여인이었다. 이런 부모의 장자로 태어난 문무왕의 어릴 때 이름은 법민法敏이었다. 법민은 타고난 성품이 어질고 하고자 하는 일에 소질이 뛰어난 왕자였다. 매사에 영특하고 총명하여 주위의 기대를 한 몸에 받았다. 자라면서는 뛰어난 지략으로 왕이 될 만한 자질을 타고난 사람으로 인정을 받았다. 아버지의 통솔력과 어머니의 지략을 고루 닮은 덕분이었다.

법민은 김춘추가 왕위에 오르기 전부터 신라 조정의 중책을 맡았다. 아버지 김춘추와 함께 당에 사신으로 파견되었을 때는 당고종으로부터 태부경太府卿이라는 벼슬까지 받았다. 당으로 받은 벼슬이 달가울 리는 없었지만 이는 젊은 법민의 사람됨을 짐작케 하는 사건이다. 이후에도 법민은 아버지를 도와 정치에 깊이 관여했다. 김춘추가 행하는 나라의 중요한 책무에는 늘 법민이 함께 했다.

후일 진덕여왕이 죽고 아버지 김춘추가 왕위에 올랐다. 그와 함께 법민은 파진찬에 등용된다. 파진찬은 신라 때, 십칠 관등十七官等 가운데 넷째 등급等級에 해당되는 벼슬로 진골 이상만 오를 수 있는 직급이었다. 파진찬이 됨과 동시에 병부령을 겸직하게 되었다. 당시 병부령은 단순한 병부의 책임자가 아니었다. 상대등이나 시중을 겸할 수 있는 최고의 요직이었으니 법민의 위치가 어떠했을지는 짐작할 만하다. 법민의 이런 위치는 늦은 나이에 왕위에 오른 태종무열왕에게 든든한 조력자가 되기에 충분했다.

법민은 곧 태자로 봉해졌다. 태자가 된 법민의 활약은 기록으로도 잘 드러나 있다. 나라의 기강을 바로잡는 데 상당한 노력을 기울였으며, 그의 업적은 나、당 연합군이 백제를 칠 때 더욱 빛났다. 김유신과 함께 5만 군사를 거느리고 백제를 멸망시킨 것이다. 무열왕 7년(660년)의 일이었다.

이런 전적은 이듬해 태종무열왕이 승하하자 법민을 왕위에 오르는 데 기대를 갖게 했다. 당시 법민의 나이는 36세였다. 왕위에 오른 법민은 정무에 더욱 바빠졌다. 부담도 무척 컸다. 삼국통일의 염원을 품고 승하한 아버지의 뜻을 이어야 한다는 사실에 한시도 한가로운 틈을 낼 수가 없었다. 통일의 길은 멀고도 험했다. 백제를 거의 궤멸시키다시피 했지만 백제의 부흥을 꾀하려는 흥복군의 저항은 끈질겼다. 가장 시급하게 해결해야 할 문제는 백제 부흥운동을 차단하는 일이었다. 이 일은 즉위 4년이 지난 뒤에야 매듭을 짓게 되었다.

다음으로 세운 전략이 고구려를 공략하는 일이었다. 고구려는 백제와 달랐으나 즉위 8년에 무릎을 꿇렸다. 패배의 아픔도 있었으나 그것은 후일 고구려를 멸망시키는 데 치밀한 전략을 짜는 데 도움이 되었다.

고구려 멸망으로 사실상 삼국통일이 완성된 듯했다. 그러나 산 넘어 산이었다. 평화와 안녕이 유지되는가, 했으나 나라 안 분위기는 불안했다. 고구려 멸망 직후 이상한 소문이 번진 것이다.

"당은 왜국을 정벌한다는 명분으로 군함을 수리하고 있지만 실제로는 신라를 치려는 것이다."

이 소문은 백성들 사이에서 먼저 퍼졌다. 비록 승승장구했지만 계속된 전쟁으로 불안했던 백성들은 동요하지 않을 수 없었다. 그런 데다 당의 행태도 심상치 않았다. 신라가 백제의 땅과 백성을 멋대로 차지했다는 핑계로 신라의 사신을 억류하기에 이르렀다. 결국 사신으로 갔던 김양도는 신라로 돌아오지 못한 채 당의 감옥에서 죽고 말았다.

법민은 대노했다.

"연합군으로서 의를 다졌던 당나라의 내정간섭에 버금가는 행위는 좌시할 수 없다."

삼국통일의 과업을 완수한 문무왕은 내실을 다질 참이었다. 그런 찰나에 신라에 이런저런 간섭을 하는 당나라를 그냥 두고 볼 수는 없었다.

법민은 당과의 대립의지를 표방했다. 이때 이미 틀어져 있던 신라와 당나라의 사이는 더욱 어긋나게 되었다. 한반도는 신라의 영역임을 주장하는 신라와, 함께 궤멸을 시켰으니 신라가 멋대로 해서는 안 된다는 당나라는 서로를 공격할 구실만 찾게 되었다. 이런 생각은 결국 전쟁으로 이어져 신라는 당나라와 스물두 번의 크고 작은 전쟁을 치른 끝에 승리를 했다. 한반도에서 당나라를 완전하게 몰아낸 것은 즉위 16년(676년)이었다.

승리를 했다고 상처가 없는 것이 아니다. 신라는 백제와 고구려를 물리치고 삼국을 통일했다. 연합군이었던 당나라까지 물리친 것은 대단한 업적이었다. 그렇지만 오랜 전쟁으로 나라의 사정은 썩 좋은 것이 아니었다. 백성들은 전쟁의 위험에 잔뜩 불안한 상태였고, 무너진 성들은 복구가 절실한 형편이었다. 다행히 당나라는 전력을 더 많이 소모한 터라 더 이상은 공격할 여력이 없었다. 당나라를 몰아낸 이후 5년 동안 문무왕이 오랜 전쟁으로 피폐해진 민심을 안정시키는 데 주력할 수 있었던 것은 다행한 일이었다.

그 후에도 법민은 마음을 놓을 수가 없었다. 왜국의 침공을 수차례 받은 것이다. 그때마다 일격에 물리쳤지만 안심할 수는 없었다. 이제 겨우 나라의 기틀을 제대로 잡을 수 있게 되었구나, 여겼을 때 법민은 몸져눕게 되었다. 즉위한 지 21년째였다. 당시의 상황을 『삼국사기』에는 이렇게 적고 있다.

'풍상을 무릅쓰다 보니 고질병이 생겼으며, 정무에 애쓰다 보니 더욱 깊은 병에 걸리고 말았다'

이 기록을 두고 학자들은 법민의 병이 암이었을 것이라고 추정하나 알 길은 없다.

몸져눕게 된 법민은 자신이 죽을병에 걸렸음을 알아챘다. 법민은 자신의 병상을 지키던 태자 정명(신문왕)에게 지의법사를 불러들이라 일렀다.

"짐은 죽으면 밖으로는 나라를 지키고, 안으로는 불법을 받드는 호국대룡이 되고 싶소. 그러니 굳이 봉분을 만들지 마시오. 꼴 베는 아이들이 내 무덤 위에서 노래하고, 여우와 토끼가 그 옆에서 굴을 팔 것이니 그것이 싫소. 또한 죽어서까지 화려한 봉분을 만드는 일도 왕으로서 할 도리가 아니거늘, 분묘를 치장까지 하게 되면 한갓 재물만 허비하고 역사서에 비방만 남길 것이 아니오? 이는 공연히 인력을 수고롭게 하면서도 죽은 영혼을 구제하지 못하는 짓이요. 이런 생각을 하면 마음이 쓰리고 아픈 것을 참지 못하겠으되 이는 짐이 즐기는 바가 아니오."

인생을 풍찬노숙風餐露宿이라 말한 뒤 법민은 자신이 죽은 뒤의 일을 찬찬히 당부했다. 평소에 입버릇처럼 하던 말을 태자까지 있는 자리에서 밝히고자 함이었다.

"그러하오나 용은 짐승의 응보인데 어찌 용이 되려고 하십니까?"

지의법사는 왕의 말에 하도 황망하여 어쩔 줄 몰라 했다.

"짐은 세상의 영화에 염증을 느낀 지 오래 되었소. 만약 좋지 않은 응보로 인해 짐승이 된다면 짐의 생각과 꼭 맞는 것이오. 태자는 들어라. 짐이 죽거든 불교식으로 장례를 치른 다음 동해바다 가운데 장사를 지내도록 하라."

문무왕은 자신이 죽은 뒤의 일까지 당부를 했다.

차마 받들기 민망한 당부였으나 아버지의 유언이었다. 정명은 아버지의 뜻대로 하기로 했다. 시호를 문무라 정하고 아버지의 시신을 화장했다. 그런 다음 유언대로 동해 어귀에 있는 큰 바위 위에 장사를 지냈다. 문무왕을 장사지낸 바위는 대왕석이라고 불렀다.

방어진의 대왕암이 언제부터 그렇게 불렸는지는 알려지지 않았다. 다만 오랜 세월 '댕바위' 또는 '댕방'으로 불린 것은 사실이다. 이는 모두 '대왕바위'의 경상도식 방언이다. 바위는 온통 붉은 색을 띤다. 대체로 검은 색에 가까운 바위들에 비해 붉은 색을 띠는 바위가 예사롭게 보이지는 않았으리라. 용이 승천하다가 떨어져 죽은 바위라는 전설도 예사롭지 않은 바위의 색깔 때문에 생겨난 것이리라.

용이 떨어져 흘린 피로 주변 바위들이 모두 핏빛으로 물들어 붉은 색을 띤다는 대왕암. 용이 떨어지니 '용추암龍墜巖'이라 불렀다고 전하지만, 이는 '용추암龍湫岩'의 와전으로 보인다고 이유수의 울산지명사는 전한다.

문무왕 수중릉은 천년 세월 동안 그 흔적을 찾을 길이 없었다. 그러다가 경주시 양북면 봉길리의 대왕암과 암초가 문무왕 수중왕릉이라는 기사가 1963년 5월 16일자 경향신문에 실렸다. 온 나라가 환영했다. 전설처럼 전해오던 문무왕의 무덤에 대한 진실이 밝혀진 것이다. 그러나 이 또한 역사적인 근거가 없다는 사실이 밝혀졌다. 2001년 3월 28일 인공적으로 물길까지 차단하며 밝혀낸 것은 암초 속 어디에도 유골함을 묻은 흔적이 없었다는 사실이다.

다만 봉길리의 수중릉이 문무왕의 무덤이라는 걸 부인할 근거 또한 없다. 우선은 문무왕의 업적을 기리기 위해 세웠다는 절인 감은사지가 멀지 않은 곳에 있다. 이견대를 보면 더욱 그렇다. 이견대는 문무왕에게 제사를 지내거나 참배를 하기 위해 지었을 것이라는 의견이 지배적이다. 봉길리의 수중릉은 이견대에서 바라다 보이는 곳에 자리했다. 때문에 이런 근거를 바탕으로 한 봉길리의 수중릉이 문무왕릉일 거라는 데는 이견이 그다지 많지 않다.

문무왕은 삼국통일을 완수한 군주다. 삼국통일의 과정을 보면 태종무열왕의 업적이 만만치 않다. 그러나 실질적인 통일을 완수한 것은 문무왕이다. 혼자 해낸 것은 아니었으나 태종무열왕의 업적을 화려한 서곡으로 볼 만큼 문무왕은 실질적인 삼국통일의 주역, 신라를 가장 신라답게 한 왕이라고 할 수 있겠다.

반만년 역사 동안 완전한 통일국가였던 세월이 길지 않았던 우리나라로서는 역사 이래 처음으로 통일국가를 이룬 문무왕의 업적에 의의를 둘 수밖에 없다. 신라의 삼국통일이 현대에 와서는 오히려 배타적일 수도 있으나, 단일 종족의식을 갖는데 기여했기 때문이다. 이는 고려와 조선으로 이어지면서 삼국의 역사가 일국의 역사로 다뤄져 한국사의 토대가 된 것이다.

이런 업적 덕분인지 문무왕 이후에는 화장을 한 임금이 더러 있었다. 다만 어느 왕도 문무왕처럼 수중릉에 대한 구체적인 기록은 없다. 신라왕 중에 화장火葬으로 장사를 지낸 왕은 여덟 분이다. 그 중 34대 효성왕孝成王과 37대 선덕왕宣德王은 동해에 산골散骨하였다는 기록이 남아 있으나 수중릉으로 짐작되는 곳은 없다. 38대 원성왕, 51대 진성여왕, 52대 효공왕, 53대 신덕왕, 54대 경명왕도 화장으로 장례를 치렀으나 이분들은 산골한 기록조차 없다.

동해안의 대왕암은 두 곳이다. 울산 방어진의 대왕암과 경주 봉길리의 대왕암이다. 이미 문무왕의 수중릉으로 알려진 봉길리 대왕암보다 규모면에서는 울산의 대왕암이 훨씬 크고 장엄하다. 그 색깔 또한 붉은 빛을 띠어 예사롭지 않다. 그 때문에 일부에서는 이곳의 대왕암이 문무왕릉이라는 주장을 하기도 한다. 물론 이런 모양이나 특이한 색깔만으로 문무왕의 수중릉이라고 우길 수는 없다.

그러다보니 역사적인 근거를 따질 수밖에 없게 되었다. 이런 과정에서 언젠가부터 방어진의 대왕암은 문무왕비의 수중릉이라는 말이 생겨났다. 문무왕이 호국대룡이 되겠다며 무덤을 만들지 않으니 왕비도 그 뜻에 따라 화장을 유언했다는 것이다. 그 유골을 산골한 곳이 방어진의 대왕암이라는 설이지만 이는 옹색하기 짝이 없는 설명이다. 봉길리 대왕암의 아류 내지는 변명으로밖에 보이지 않는다. 더구나 왕비가 묻힌 수중릉을 대왕암이라고 부르는 것도 어불성설이다. 역사를 통틀어보더라도 왕비의 무덤을 왕릉이라고 부르는 예는 없기 때문이다.

이미 심포지엄을 통해서 각 분야의 전문가들은 이곳이 문무왕과는 관계가 없음을 강조했다. 이는 문무왕비와도 무관함을 의미한다. 그렇지만 산골이라는 장례법을 감안한다면, 그리고 호국룡이 되겠다는 신라왕들의 뜻을 감안한다면, 방어진의 대왕암을 굳이 왕의 수중릉이 아니라고 부인만 할 일은 아니다. 산골을 한다면 뼛조각이나 뼛가루는 물길을 따라 흘러 다닐 것이며, 호국룡이 되었다면 그 영혼은 그 곳이 어디든 왜구가 나타날 만한 곳에서는 신통력을 발휘할 것이기 때문이다. 이는 부처의 사리를 곳곳에 안치하는 것과 다르지 않으며, 부처의 설법이 전 세계 중생을 위로하는 것과 비슷한 논리다.

굳이 따지자면 문무왕이 용이 되었다는 것도 확인할 길이 없다. 또한 이곳이 딱히 문무왕의 산골처가 아니라고 해서 대왕암이 아닌 것도 아니다. 대왕암이란 말이 없어지는 것도 아니다. 더불어 동해에 산골했다는 다른 어느 왕의 장지葬地일 가능성도 배제할 수 없는 일이다.

다만 변하지 않는 것은 하나다. 대왕암에 거는 모두의 염원이다. 호국대룡이 되어서 나라를 왜구의 침략에서 수호하겠다는 문무왕의 유언에 대한 기대다. 과학이 발달한 현대로서는 황당한 애기일 수 있으나 역사

속 왕이 이런 의지를 표방하며 죽었다는 사실은 여간 든든하지 않다. 또한 문무왕 이후 화장한 왕들의 기록이 남은 것은 주목할 필요가 있다. 신라의 왕 중에서는 병사했을 경우에만 화장을 했다. 문무왕 이전의 왕들도 병으로 죽은 왕이 있었을 것이다. 그럼에도 문무왕부터 화장과 동해바다 산골기록이 있다는 것은 문무왕의 유지가 후대 왕들에게도 전해졌을 거라는 막연한 기대를 갖게 한다.

봉길리의 대왕암은 모 방송국에서 탐사까지 했지만 아직도 배를 타고 가지 않으면 관광객의 접근조차 어렵다. 그것이 탐사 이후 역사적으로 증명할 근거를 찾지 못했음에도 신비의 영역으로 남아있는 이유인 반면 오늘날 방어진의 대왕암은 다르다. 쉽게 오갈 수 있도록 편의시설을 갖춘 모습이 안타까울 뿐이다. 대왕암공원과 대왕암 사이를 잇는 철제 교량이 그것이다. 멀리서 보면 바위와 바위를 연결한 교량의 모양은 마치 하프를 연상케 한다. 이미 오래되어 하나의 아름다운 풍경으로 자리한 교량이다. 이 다리 덕분에 관광객들이 대왕암을 오르게까지 되었지만 과연 옳은 장치였을까, 는 생각해볼 일이다. 대왕암을 직접 드나들면서 대왕암이 주는 경외감과 신비로움이 많이 희석된 것은 사실이기 때문이다.

물론 그렇더라도 대왕암은 대왕암일 뿐이다. 어느 왕의 무덤인지 밝혀지지 않으면 어떠랴. 그 위에 서서 바다를 바라보기만 해도 푸르른 기개가 느껴지는 대왕암. 이곳은 방어진 12경 중의 제4경인 용추모우龍湫暮雨의 경승지다. 바위와 바다의 절묘한 아름다움만 보더라도 더러는 밝히기보다 묻어두어도 좋을 것들이 있다. 더구나 그것이 호국과 관련된 전설이라면.

절경과 호국정신을 새기면서 대왕암을 노래한 시 한 수를 읽어보는 것도 좋겠다. 조선조 순조 때 울산 중구 반구동 출신의 선비인 이정화李鼎和(1811~1860)의 칠언절구七言絶句다.

大王岩

削出芙蓉碧海頭
千年鏜鞳石聲留
羅王古蹟無人問
撫劍徘徊八月秋

대왕암

푸른 바다 바위위에 연꽃을 깎아 새겨
종고鐘鼓소리 바위소리 천년을 머물렀네.
신라왕의 옛 자취 묻는 이 없고
추팔월 서성이며 찼던 칼을 매만진다.

날마다 다른 해를 맞다

해맞이 전망대

해는 변함이 없다. 날마다 동쪽에서 떠서 서쪽으로 진다. 과학적으로 설명하자면 태양을 중심으로 지구가 도는 형태지만 지구에 사는 우리가 보는 태양은 스스로 뜨고 지고를 반복하는 행성일 뿐이다.

그럼에도 아침을 밝히는 해는 희망이다. 또 하루를 선사받은 감격에 눈부심이 싫지 않다. 이글거리듯 타는 해는 만물에게 많은 것을 준다. 빛을 쏘아서 만물에게 필요한 에너지를 전달하는 해. 해가 있어서 날마다 반복되는 하루에 새로운 희망을 걸게 된다.

그것이 달력에 새겨진 새 해인 경우는 더욱 특별하다. 어슴푸레한 새벽, 추위에 떨면서도 해돋이를 보러 전국의 명소를 찾는 것도 이런 특별한 의미 때문이다. 한 해의 소망을 안고 떠오르는 해를 맞는 벅찬 감동은 저마다 다르고 보는 장소에 따라 그 정도가 다르다.

대왕암은 해맞이 명소다. 해를 보는 것도 의미 있는 일이지만 해맞이 명소를 찾는 이유는 더 있다. 주변의 경관도 무시할 수 없는 조건이다.

대왕암 주변의 경관은 아주 빼어나다. 뒤쪽으로는 솔숲이 든든하게 받쳐주고, 앞쪽으로는 넓게 트인 바다를 가진 풍경. 해안선의 안정적인 곡선은 시름을 잊게 할 만큼 편안하다. 대왕암은 이런 절경에 매료되어 해맞이의 의미가 더해져 해맞이 명소로 알려진 지 오래다. 그뿐이 아니다. 대왕암은 해가 전국에서 가장 빨리 뜨는 곳으로도 유명하다. 일 년 365일이 다 그런 건 아니지만 연중 10개월 정도는 육지에서 해를 가장 먼저 볼 수 있는 곳이다.

명성에 걸맞게 대왕암은 해마다 새해 첫날이면 발 디딜 틈도 없이 붐빈다. 전국 각지에서 해맞이를 하러 몰려든 사람들 때문이다. 모습은 각기 다르나 사람들은 추위에 떨면서도 하나 같이 경건한 모습이다. 하늘도 바다도 온통 검푸른 빛깔인 새벽, 검푸른 빛깔이 더욱 춥게 느껴지는 가운데서도 사람들의 시선은 한 곳을 향해 있다. 동해에서 떠오르는 해를 보기 위해 새벽잠을 쫓은 눈빛들은 별처럼 초롱거린다. 여느 해와 다르게 느껴지는 새 해를 맞는다는 뿌듯함이 담긴 눈빛들이다.

끝 간 데 없이 먼 바다. 미동조차 느껴지지 않는 짙푸른 수평선을 붉게 물들이는 해. 검푸르기만 하던 바닷물이 조금씩 벌게진다. 검푸르던 바다도, 하늘도 온통 불그스름해질 때면 숨이 멎을 듯한 고요가 이어진다. 새들의 소요도 잦아든 순간, 한참 동안 바다가 잡고 있던 해를 퐁, 소리가 들릴 듯하게 하늘로 띄워 올린다. 말갛게 떠오르는 태양은 보는 이의 가슴을 희망으로 출렁이게 한다. 태양빛에 비로소 세상의 만물은 그 빛깔이 한결 선명해진다. 붉은 해, 푸른 바다, 누런 흙빛까지 마침내 새로운 아름다움을 만들어내는 것이다. 하나의 태양이 잠든 모두를 깨우는 곳. 그 해를 보기 위해 밤길을 멀다 않고 달려온 사람들. 그들을 맞아 주는 해맞이전망대는 대왕암의 새로운 명소가 되고 있다.

대왕암을 향하여

다릿돌

대왕암 다리 바로 아래(북향)에는 잠길 듯 말 듯한 돌무리가 있다. 다릿돌이라고 부르는 돌이다. 다릿돌에는 마골산 장수인 수리장수의 이야기가 전해진다.

수리장수는 일이 잘 풀리지 않거나 마음이 답답할 때면 대왕암을 찾았다. 대왕암의 정기를 받고 싶었던 것이다. 대왕암은 신라왕이 죽으면서 왜구의 침략으로부터 나라를 보호하겠다는 호국의 마음이 깃든 바위다. 그런 만큼 모든 이에게 신비의 장소였다.

그러나 마음뿐이었다. 대왕암과 육지 사이에는 바다가 넘실대고 있었다. 푸른 물길은 언제 봐도 드세고 거칠었다. 그것은 마치 대왕암을 넘보는 자는 그냥 두지 않겠노라는 바다 용의 위협처럼 느껴졌다. 그럴수록 수리의 바람은 더욱 간절했다. 어떻게든 대왕암에 오르고 싶었다.

어떤 날은 훌쩍 건너뛰면 될 듯도 싶었다. 그러나 막상 가까이 가서 보면 육지에서 대왕암까지는 사람이 건너뛰기에 요원한 거리였다. 수리는 궁리를 했다.

"장군님. 마골산의 돌을 갖다 놓읍시다."

큰섬이 머리를 짜냈다.

"그래. 조물주가 만든 세상이지만 그걸 활용하는 것은 우리의 몫이려니."

수리는 마골산에 넘쳐나는 돌들을 갖다 날랐다.

제법 큰 것으로만 골라서 날랐다. 산에서는 큰 돌이었지만 막상 대왕암과 육지 사이의 물에 넣으니 보이지도 않았다. 부지런히 날랐지만 그대로 잠겨버리곤 했다. 실망감을 누르며 계속 돌을 나르는 일은 쉬운 일이 아니었다.

"장군님. 저희가 돕겠습니다."

"아니다. 처음부터 혼자 하기로 마음먹은 일이다."

수리는 오로지 혼자서만 해냈다. 부하들이 돕고 싶어 했지만 스스로 하고 싶었다. 자신이 하고자 하는 일은 대왕암의 정기를 받기 위한 중요한 일이었다. 그런 만큼 누구의 도움도 받고 싶지 않았다.

수리가 대왕암을 찾고자 한 것은 답답해서였다. 그런데 마골산의 돌을 갖다 나르면서 그런 답답함이 깨끗이 사라졌다. 돌을 나르는 일도 자연 즐거워졌다.

수리는 돌을 하나씩 놓을 때마다 소원을 빌었다.

"바닷물을 먹고 잘 자라라."

수리장수는 돌도 자란다는 말을 믿었다. 산에서는 물이 적어서 클 수가 없었지만 바닷물을 먹으면 자라려니 여겼다.

좋지 않은 징조가 예감 되는 날은 속설에 따라 돌을 높은 데서 던졌

다릿돌. 물이 빠지면 선명한 징검다리 형태가 되어 사람들이 건너다닐 수도 있다.

다. 걱정과 두려움을 떨쳐버리기 위한 행동이었다. 그렇게 던진 돌이 바라던 자리에 놓인 날은 기분이 좋았다. 가끔 엉뚱한 데 떨어진 날은 부하들이 앓거나 말이 죽어나가곤 했기 때문이다.

뜻이 있는 곳에 길이 있다던가. 수리가 옮겨놓은 돌들이 드디어 물 위로 뾰족이 고개를 내밀기 시작했다.

수리는 그 돌을 징검다리 삼아 대왕암으로 건너다녔다. 오랜 염원을 이룬 덕분일까. 수리는 훗날 벌어진 왜국과의 전쟁에서 큰 공로를 세웠다. 생각지도 못한 승리였다. 군사의 수로 보나, 활과 칼뿐인 무기의 성능으로 보나 수리에게는 매우 불리한 전쟁이었다. 그럼에도 부하를 별로 잃거나 다치지도 않고 승리한 것을 두고 사람들은 모두 대왕암의 정기 덕분이라고 했다. 그리 믿는 것은 수리도 마찬가지였다.

훗날 사람들은 이 돌은 자연스럽게 다릿돌이라고 불렀다. 수리가 대왕암으로 건너다닐 때 징검다리 역할을 한 데서 붙여진 이름이다.

다릿돌 위로 한 때는 출렁다리가 놓이기도 했다. 그 위를 지나다니면서부터 다릿돌은 사람들의 관심에서 조금씩 멀어졌다. 그러던 것이 현재는 철제다리로 바뀌었다. 때문에 이곳을 처음 찾는 사람들은 다릿돌의 존재여부조차 알지 못한다. 물이 잠길 때마다 사라지는 다릿돌이지만 이곳을 찾는 사람들의 눈길과 관심에서조차 사라져서는 안 되겠다.

돌들도 뒤척인다

몽돌해변(과개안)

대왕암에서 우측 산책로를 따라가면 대왕암공원 몽돌해변이다. 이 해변은 과개안(너븐개)으로 불린다. 광어가 많이 잡혀서 광어개안이라 불린 데서 유래된 이름이라지만 뿌리는 다르다. '너븐개廣浦'라는 지명으로 경상도 사투리로 넓게 열린 곳이라는 뜻이다. 실제로 양쪽으로 대왕암과 고동섬이 자리한 너븐개는 꽤 널찍한 해안이다.

고래라면 장생포를 먼저 떠올리지만 과개안도 과거에는 고래가 자주 출현하던 곳이다. 1960년대까지만 해도 포경선들이 드나들며 고래를 잡기도 했다. 너른 터에 동글동글한 몽돌들이 가지런한 해안을 보면 고래가 몸을 누이기에 알맞다는 생각도 든다. 돌밭이지만 몽돌이 깔린 너븐개는 흙길보다 정다운 느낌이다. 과연 산만 한 고래가 포경선에 쫓겨와 눕기에 적당한 곳임을 알 수 있다.

느린 듯 길게 굽이진 부드러운 너븐개 해안의 주인은 몽돌이다. 몽돌을 보면 마음이 부드러워진다. 모나지 않은 돌. 물새들이 노닐다 낳고 간 새알 같다. 이글거리는 햇살에 온몸이 따끈따끈 신열로 부다듯이 뜨거워지면 금방이라도 부화하려나, 자꾸만 들여다보게 된다. 오랜 세월 간직해 온 부딪힘의 상처들을 안으로 품은 모습에 작은 몸이지만 그 마음은 결코 좁지 않게 느껴진다.

멀리 보이는 바다는 날마다 같은 얼굴이다. 그렇지만 몽돌해변에 서서 보면 지겹지 않다. 몽돌은 바다의 얼굴을 다르게 보이게 하는 마력이 있다. 몽돌을 굴릴 때는 투명한가 싶다가도 물러나면 어느새 짙푸르고, 그래서 깊은가 싶으면 다시 달려와 몽돌을 만진다. 그럴 때면 속살이 비칠 만큼 얄팍하기도 하다. 몽돌은 바다도 탐을 낸다. 한 번씩 쓸고 갈 때마다 한두 개씩 제 품으로 숨기곤 한다.

바다는 날마다 다른 얼굴이다. 잔잔한 날은 무언가를 생각하는 얼굴이다. 몽돌을 가만히 건드리다가 때론 솟구치기도 한다. 그럴 때마다 몽돌은 자갈거리며 자신들이 자갈임을 소리로 보여 준다. 바다의 변덕에도 고스란히 놀아나 줄 줄 아는 몽돌. 혼자서 보고 있어도 외롭지 않은 것은 몽돌의 재잘거림 덕분이다. 순한 파도에 휩쓸리지만 휘둘리지 않는 몽돌을 보노라면 외롭다는 생각은 깨끗이 사라진다.

바다의 부드러운 손길에도 몽돌은 가벼이 뒤척인다. 가벼이 돌아눕지만 경망스럽지 않다. 물길이 스칠 때마다 촤르르르, 일정한 소리를 낼 줄 안다. 그들은 서로가 잠시 개성의 표출을 멈추고 어울림의 미덕을 보일 줄 안다. 그것은 오래 전엔 모난 돌이었음을 잊으려고 애쓰는 소리다. 물결에 씻기고, 서로들 깎여서 동글동글 모나지 않은 돌이 되었음을 소리로 전한다. 그 소리의 아름다움은 귀를 통하여 가슴속에서 정다움으로 살아난다.

몽돌 해변(과개안)

삐죽이 솟은 바윗돌에 부딪힌 물결은 자잘하게 부서진 포말로 돌아가지만, 과개안으로 밀려온 물결은 제 모습을 잃지 않는다. 여름날, 심심해서 고샅길을 돌다가 길가에 흐드러지게 피어난 개망초만 흔들다 돌아가는 아이처럼, 바다는 몽돌만 슬쩍 훑곤 그냥 돌아간다. 대왕암공원 해안 산책로에서 물과 돌이 어울려서 내는 가장 정다운 소리를 감상할 수 있는 곳. 몽돌은 잔바람에도 뒤척인다. 고만고만한 크기로 고만고만한 소리를 내면서.

언제 봐도 다정한 형제바위

고동섬과 전망대

고동섬은 '술이산' 동편 바닷가에 있는 돌섬이다. 고유지명은 '수리바우(섬)'로 본다. 현재 지명인 '고동섬'은 '소라섬'의 방언이다. '소라'는 '수리'의 변음으로 '꼭대기'의 뜻인 '수리섬'이 '소라섬'으로 옮겨 간 것이며, 다시 이곳 방언으로 바뀌어져 '고동섬'으로 부르게 된 것으로 보인다. 그러니까 소라고동이 많이 잡혀서 고동섬이라고 불린다는 가설은 전혀 근거가 없는 말이다.

고동섬 전망대에서 고동섬을 내려다보면 마음이 맑아진다. 그럴 수밖에 없는 것은 맑은 물 때문이다. 물이 얼마나 맑은지 자잘한 자갈돌들까지 다 들여다보인다. 속살까지 훤한 바다의 투명한 모습은 말쑥하게 씻은 소년의 얼굴빛만큼이나 깨끗하다. 햇살이 좋은 날은 한층 빛난다. 물속에 빠진 해는 눈부시거나 뜨겁지 않으면서도 빛만은 잃지 않는다.

고동섬은 수리장수가 마골산에서 옮겨놓은 돌이다. 특별한 일이 없을 때면 수리는 훈련 삼아 바위 옮기기를 즐겼다. 산 중턱이나 꼭대기에서 사람들의 쉼터가 되곤 하는 것은 바위다. 그런 바위들도 날이 가물 때면 어딘지 기운이 없다고 느껴지곤 했다.

두 번의 큰 전쟁을 치른 뒤였다. 산꼭대기 바위에 걸터앉아 망중한을 즐기던 수리는 심심했다.

"바위들도 목마르겠지?"

햇살이 내리꽂히는 날 부하들에게 묻곤 했다.

뜬금없는 질문에 어리둥절한 것은 부하들이었다. 어떻게 대답을 해야 하나, 망설일 사이도 없이 수리는 다시 중얼거렸다.

"그럴 거야. 그렇고말고."

수리는 바위들의 위치를 바꿔 주기로 했다.

"특히 허옇게 말라가는 바위들만 골라서 산 아래로 옮겨 주자."

수리의 손끝은 마른 이끼만 매단 채 허연 바위들만 가리켰다.

그 중에는 수리가 즐겨 쉬던 바위도 있었다. 그 바위는 마골산에 있는 서너 개의 수리바위 중 하나였다. 부하들은 수리가 가리킨 바위를 들어내려고 했으나 땅속에 깊이 박힌 바위를 들어내기는 쉬는운 일이 아니었다.

"힘깨나 쓰는 줄 알았더니……."

부하들을 밀어낸 수리는 자신이 곧잘 앉아서 쉬던 바위를 한 손으로 밀었다.

바위는 수리의 힘에 밀려 깊은 뿌리를 드러냈다. 부하들이 당겨도, 밀어도 미동도 않던 바위였다. 수리바위가 뿌리를 드러내면서 옆에 있던 작은 바위도 같이 뽑혔다. 노장군의 힘에 놀란 것은 부하들이었다.

부하들은 그 바위를 바다 쪽으로 옮겼다. 물이 맑고 찬 곳이었다. 그다지 깊지도 않은 곳이기도 했다. 나중에 다시 산으로 옮길 걸 감안해서

고동섬

택한 자리였다. 근처에 나무도 있었는데 수리바위니 만큼 마골산의 분위기와 맞추기 위해서였다.

바닷물을 머금기 시작하자 바위는 자리를 잡아갔다. 그러던 중 수리는 홀연히 사라지고 말았다. 갑옷바위에 자신의 갑옷을 숨긴 뒤였다.

바위는 산에서 있을 때보다 조금씩 자랐다. 사람들은 갑자기 생겨난 바위를 신성하게 여겼다. 바닷물에 씻기고 닦이면서 수리바위는 사람들의 입에서 입을 거치는 사이 자연스럽게 섬으로 불리게 되었다.

고동섬은 두 개다. 함께 옮긴 바위 덕분이다. 지금은 큰고동섬, 작은 고동섬으로 불린다. 큰고동섬은 간조 때면 걸어서 들어갈 수 있는 위치에 있다. 맑은 물에 발을 담근 고동섬. 햇살이 맑은 날이면 그 모습이 마치 의좋은 형제처럼 보인다. 수리바위라는 의미조차 퇴색된 이름이지만 수리장수의 혼령은 지금도 가끔 피곤하면 이곳을 찾을 듯하다.

솔바람 부는 언덕

대왕암공원

울산의 대왕암공원이 공원으로 지정된 것은 1962년 5월이다. 당시에는 울기공원으로 명명되었다. 1906년 설치한 울기등대가 위치한 공원이었던 까닭이다. 그러다가 일제 잔재의 청산 차원에서 바꾼 이름이 대왕암공원이다. 2004년 2월 24일부터 바꾼 명칭으로 오늘에 이르는데 그것은 대왕암이 자리한 데서 연유한다.

대왕암공원을 들어서면 아늑하면서도 가슴이 탁 트인다. 바다와 맞닿아 있으면서도 해풍에 실려 오는 찝찔한 느낌이 없다. 대왕암공원을 돌아보는 방법으로는 에두르는 길을 권하고 싶다. 대왕암과 일직선으로 통하는 가운뎃길로 들어서도 좋다. 그렇지만 굳이 등대를 먼저 감상해야 하는 길이 아니라면 빠른 길보다는 왼쪽의 해안가를 에두르는 길을 선택하는 것이 좋다. 그것이 대왕암공원의 다양한 절경을 만나는 데는 오히려 지름길이다.

대왕암의 흙길은 단단하면서도 부드러운 것이 특징이다. 흙길을 밟고

대왕암공원 벚꽃길

서서 일산해수욕장의 전경을 내려다보면 가슴이 탁 트인다. 오른쪽의 해송 숲은 사철 푸른빛이다. 푸르른 울창함과 햇살만이 놀고 있는 해수욕장의 모습은 대조적인 여유로움을 풍긴다. 공원으로는 드물게 솔향기와 비릿한 갯내음을 함께 맡을 수 있는 곳이다. 굳이 바람이 불지 않아도, 심호흡을 하지 않아도 코가 즐거워진다.

울창한 송림과 벚꽃터널을 함께 볼 수 있는 대왕암공원은 여름에는 시원하고 겨울에는 훈훈하다. 대왕암공원은 공원입구에서부터 완전한 숲이다. 곧게 뻗은 길은 벚꽃과 동백나무가 터널을 이루고, 목책을 두른 공원 안쪽은 푸름이 더욱 짙다. 몸통이 굵지 않으면서 키가 10여 미터 이상 쭉쭉 뻗은 소나무들이 밀림을 이룬 덕분이다. 이 소나무들은 해풍에도 잘 견디는 해송들로 수령 100살이 넘은 것들이 대부분이다. 솔숲인데도 키가 우뚝한 소나무들은 마치 삼나무 같다. 한 시라도 성장을 멈추면 햇볕을 빼앗길까봐 함께 잘 자란 소나무들은 늠름한 해군 사관 생도들을 연상시키기도 한다.

공원 가득 잘 자란 소나무들은 호들갑스럽지 않다. 점잖고 헌칠한 선비의 품격을 갖춘 모습으로 묵묵히 방문객을 반겨준다. 다만 이처럼 잘 생긴 소나무가 숲을 이룬 것이 일본인들과 관련이 있다는 사실은 달가운 기억이 아니다. 이곳에 자생한 1만 5천여 그루의 해송을 관리한 사람들은 일본인들이다. 그런 데다 군사기지로 지정하면서 민간인 출입을 통제하다 보니 자연스럽게 소나무가 숲을 이루게 된 것이다. 아름다운 모습 뒤에 치욕의 역사가 자리했음은 아이러니가 아닐 수 없다.

그렇지만 수령 100년이 넘는 1만 5천여 그루의 해송과 곰솔군락에서 일제 강점기의 수탈 역사를 일부러 기억할 필요는 없겠다. 잘 자란 송림은 은밀하지만 음침하지 않다. 무엇이든 다 숨겨 줄 것 같지만 음흉하지 않다. 일제가 심지 않았지만 그들의 수탈 행위를 다 보아 온 소나무들이다. 혹독한 해풍도 견뎌낸 소나무의 인내는 어떤 것도 수용할 것 같은 포용력일 뿐이다.

아무리 더운 날도 대왕암 송림에 들어서면 땀이 식는다. 기분 좋은 공기가 폐부까지 씻어내는 대왕암 공원은 아름다움과 휴식공간을 겸한 명소가 되었다. 이 공원 전체가 국가의 문화재로 지정이 되어야 한다는 주장들도 심심찮게 대두되는 곳이다. 동구 일산동과 방어동에 걸쳐 있는 면적 94만 2천 제곱미터 규모의 공원으로 울산의 '해금강'이라고 불린다. 그만큼 풍광이 아름답기 때문이다. 다만 이처럼 아름다운 송림의 소나무 잎이 병충해로 말라가는 것은 안타까운 일이다. 솔껍질깍지벌레의 확산 때문인데 누렇게 마른 솔잎은 마음까지 오그라들게 만든다.

대왕암공원은 전국의 아름다운 명소 10선에 선정되었을 정도로 경관

달빛문화제 서킷콘서트

도 수려하다. 모나지 않고 부드럽게 이어진 해안선을 따라 곳곳에 숨은 이야기도 많다. 대왕암, 용굴, 남근바위, 탕건바위, 할미바위 등 기암괴석들은 저마다 재미있는 전설을 지니고 있다. 바위들이 품고 있는 이야기들을 듣노라면 그 풍광에 취하고, 재미에 다시 취한다. 부드러운 모래가 깔린 해변과 바위에 부서지면서 파도가 만들어낸 포말은 바다의 속내를 궁금하게 만든다. 무엇 때문에 스스로를 저리도 때리는가, 그 혹독한 자기수련에 감동의 눈물이 솟구치기도 하고, 환희가 밀려오기도 하는 풍경이다.

굳이 이름 있는 바위들이 아니더라도 대왕암공원은 어디나 절경이다. 공원의 북쪽은 깎아지른 듯한 절벽으로 이어진다. 근처에는 열 개가 넘는 파식동波蝕洞도 길게 이어져 있다. 파식동은 물결이 육지를 깎아내면서 생기는 자연현상이다. 깎여서 튀어나온 부분을 울산지역에서는 홈

대왕암 해안산책로

치라고 한다. 손가락의 윗부분을 일컫는 말이다. 파식동은 손가락처럼 길게 나란히 이어진 육지다. 갖고 싶은 것을 한꺼번에 움켜쥐려는 손가락처럼 보이지만 탐욕스럽게 느껴지지 않는 것이 특징이다. 홈치가 육지라곤 하나 대부분은 화강암이다. 그 위에서 자라는 나무와 풀들에게 새삼 경외감이 드는 풍경이다.

파식동을 세운 모습을 상상해 보면 산과 골을 연상케 한다. 들쭉날쭉한 모습이 피아노 건반처럼 보이기도 한다. 골처럼 보이는 곳으로 드나드는 물결이 내는 소리는 깊고도 절도 있다. 마치 바다가 피아노라도 치는 듯 어떤 날은 격렬하고 어떤 날은 조용하다. 그 소리는 긴장과 이완을 반복하면서 방문객의 마음을 사로잡는다. 파식동에서 들리는 파도소리를 듣노라면 음악도 시작은 자연에서 비롯되었음을 부인하지 못하게 된다. 바람과 물결과 바위가 어울려서 만들어내는 바다의 삼중주는

대왕암 진입로(가람 하인숙 畵)

한 순간도 음이 같지 않다. 그럼에도 산만하거나 지루하지 않다.

바다의 삼중주를 들으면서 눈길을 다른 쪽으로 돌려보자. 민섬 너머로 펼쳐진 해안선의 부드러움은 마음을 더욱 편안하게 한다. 다소 역동적인 음악을 들으면서 완곡하게 구부러진 해안선을 보고 있으면 여름날 그 해안을 메우던 인파가 자연스럽게 떠오른다. 일산해수욕장의 모습이다. 해수욕을 하면서 올려다보는 송림의 푸르름과, 송림에서 내려다보는 해수욕장의 모습은 보색대비처럼 마주선 채 서로를 동경하는 풍경이다.

특히 괴석 틈새에서 멋대로 자란 듯한 해송들은 쉽게 보기 힘든 풍경이다. 저렇듯 척박한 곳에 어떻게 뿌리를 내렸을까? 단단한 바위의 성정을 건드리기보다 틈을 잘 골라서 뿌리내렸을 나무의 유연함이 놀랍다. 단단함만 생각하면 한없이 배타적일 것 같은데 소나무들이 자리를 잡도록 뿌리내릴 틈을 내준 바위의 마음씀씀이에도 닫힌 마음이 열린다. 밤낮없이 바람과 파도소리를 들으면서도 꿋꿋이 자라 푸른 동해와 어우러진 해송들이 한층 신령스러운 분위기를 자아낸다.

이곳을 옛 선비들이 해금강이라 일컬은 것은 공원 끝자락에 있는 대왕암의 비경 덕분이다. 대왕암의 기암괴석들은 오랜 세월 파도와 해풍이 빚어낸 걸작이다. 붉은 바위들이 다닥다닥 모여서 하나의 바위산을 이룬 형태가 보면 볼수록 신비롭다.

이런 신비한 풍광만큼 대왕암을 둘러싼 주변에는 많은 이야기들이 곳곳에 숨어 있다. 이야기는 다양하다. 전설로 남은 이야기에서부터 정확한 연대를 알 수 없는 시대의 이야기도 있고, 비교적 근대의 이야기들도 녹아 있다. 더구나 방어진은 일제 강점기 때 일본인들이 모여 살던 지역이어서 노골적이지는 않으나 항일운동의 흔적들도 구석구석 남아 있다.

이런 흔적은 대왕암공원도 마찬가지다. 대왕암 앞 전망대 아래는 벙커가 아직도 남아 있다. 일본이 만든 방공호다. 현재는 쓸모가 없어져 크고 작은 돌로 막아 놓았지만 콘크리트로 만든 벙커의 모습을 보는 일은 과히 유쾌하지 못하다. 그럼에도 주변은 여전히 푸른 물과 아름다운 바위들로 아름답다. 절경을 보면서 상처 위에 피어난 아름다움은 더욱 값지다는 생각을 갖게 된다.

개처럼 벌어 정승처럼 쓰다

이종산 송덕비

이종산 송덕비는 대왕암공원 입구에서 약 100미터 들어간 지점에 있다. 선생의 무덤 옆으로 보행로의 남쪽 30미터 지점의 송림 안이다.

요즘 학생들을 보면서 드는 생각이 있다. 학업의 굴레에 치여서 마음의 여유를 찾을 수가 없는 학생들. 그런 학생들이 가난 때문에 공부를 할 수 없었던 시절의 이야기를 어떻게 생각할까?

공부를 못 한 것은 가난 때문만도 아니다. 어느 정도 형편이 되더라도 중학교부터 먼 곳까지 유학을 하지 않으면 안 되었던 시절이 있었다. 1면 1학교 시절의 이야기다. 지금이야 아파트단지만 들어서면 어김없이 초 · 중 · 고등학교가 생긴다. 대개는 걸어서 10여 분 안팎의 거리다. 이런 시대에 사는 학생들에게 학교 설립자를 위한 송덕비는 각성의 계기를 마련해 줄 흔적이 될 수도 있겠다.

울산 동구의 근 · 현대사에서는 의로운 선각자로 이종산 선생을 꼽는다. 선생은 방어진중학교의 전신인 사립 방어진수산중학교의 설립자다. 일제의 수탈로 피폐해질 대로 피폐해진 동구에 방어진수산중학교는 희망의 터전이었다. 보통학교만 졸업해도 다행일 정도로 가난한 농어촌 학생들이 상급교육을 받을 수 있었기 때문이다.

선생은 가정 형편이 넉넉하지 못해 학업을 계속할 수가 없었다. 공부도 시기가 있다. 한창 공부해야 할 청소년기에 학업의 기회를 얻지 못한 것을 늘 한스러워했다. 배움의 한은 선생에게 먼저 부의 축적에 관심을 갖게 했다.

"공부는 때가 있는 법이지만 안 되는 데 매달려 있을 수만은 없제."

선생은 제 때에 공부를 하지 못하는 것은 안타까웠지만 절망하지 않았다.

'가난 때문에 공부를 할 수 없다는 것은 여러 모로 불행이다.'

선생은 돈을 벌기로 했다.

돈을 벌면 무엇보다도 자신과 같은 처지의 학생들에게 기회를 주고 싶었다. 교육만이 기우는 국운을 바로잡을 수 있는 기틀이라는 생각은 돈을 벌 수 있는 방법 모색에 눈을 뜨게 했다.

뜻이 있으면 길도 있는 법이다. 어장을 들락거리며 일을 배웠다. 그 과정을 통해서 선생은 많은 사람들을 사귀었다. 성실하고 부지런하며 겸손한 선생은 주위 사람들의 신임을 얻기에 충분했다. 학업은 지속하지 못했으나 선생은 지혜로웠다. 어려운 문제들을 척척 해결하는 능력도 있었다. 젊은 데다 수완도 좋았다.

선생이 결혼을 했을 때는 일제 강점기였다. 근처에 일본인들이 많이 들어와 살고 있었다. 일본인들의 주업은 후리어장이었다. 어장을 경영하면서 돈을 많이 버는 것을 본 선생은 죽을힘을 다해 돈을 모았다.

'내 반드시 저 어장을 인수하리라.'

선생은 일본인들이 우리나라 연안에서 잡은 멸치로 돈을 버는 것이 못마땅했다. 반드시 자신이 인수하여 돈을 벌어 학교를 지으리라 마음먹었다.

기다렸다는 듯 일본인이 후리어장을 판다는 말이 돌았다. 선생은 처가의 도움을 얻어 어렵사리 후리어장을 인수했다. 선생은 젊은 시절부터 후리어장에서 잔뼈가 굵은 사람이었다. 아무리 경영권을 넘기는 것이지만 일본인도 이왕이면 후리어장에 대해서 잘 아는 선생에게 넘기는 것이 마음 편했다.

후리어장을 인수한 선생의 사업은 탄탄대로였다. 때맞춰 멸치잡이도 잘 되었다. 사람을 부리는 데 있어서도 인간적인 면을 중시한 덕분에 자연 후리꾼들도 어장의 일을 자신의 일처럼 여기게 되었다. 한 마디로 노사의 결합이 완벽하니 사업이 나날이 확장되는 것은 당연했다. 경영에 상당한 수완을 보인 선생은 포실한 재력가로 성장한다.

'돈은 이만큼 벌었으면 됐다. 국민이 우매하면 국가는 언제나 위기인 법.'

해방이 되던 해부터 선생은 재단법인 해양학회 설립인가를 위한 준비에 돌입했다.

돈이 있어도 학교 설립에는 행정 절차가 있었다. 복잡하기도 했지만 관계부처의 허가를 얻기가 여간 힘든 일이 아니었다. 선생은 학교 설립의 꿈을 위해서 사재를 털었다. 2년여 동안 머나먼 한양 길도 수없이 다녔다.

1947년 10월 28일 허가를 얻고 나니 진행이 급물살을 탔다. 각고의 노력 끝에 같은 해 12월 5일에 방어진수산중학교를 개교하게 된 것이다.

"그 동안 혹 가정이 넉넉한 이는 부산으로, 서울로 중등교육을 받기 위해 멀리 떠나기도 했었지만, 대부분의 이곳 방어진 청소년들은 불타는 향학열을 불태울 방도가 전연 없었습니다. 나는 이런 현실이 늘 마음 아팠습니다. 세상을 바꾸는 것은 돈이 아닙니다. 지식만이 세상을 바꿀 수 있다는 신념하에 비록 미력이나마 방어진수산중학교 개교에 쏟은 결과 오늘을 맞았으니 가슴이 벅찹니다. 부디 많은 청소년들이 부지런히 배워서 나라의 기틀을 마련하길 바랍니다."

이종산 송덕비

첫 학생을 받은 날 선생은 벅찬 마음을 밝혔다.

해방으로 땅만 되찾았을 뿐, 황폐해진 마음까지 회복된 것은 아니었다. 너나 할 것 없이 먹고 살기가 팍팍한 실정이었다. 사람들이 공공의 이익보다 개인의 이득에 몰두하는 건 당연한 일이었다. 이런 상황에서 학교를 설립한다는 것은 여간 어리석게 보이지 않았다.

"나라를 부강의 반석 위에 올려 세우는 원동력은 오로지 청소년을 교육시키는데 있다,"

선생의 신념은 확고했다. 사유 토지 3만 4천여 평과 거액의 현찰을 아낌없이 쾌척한 것도 이러한 신념 덕분이었다.

방어진수산중학교의 개교는 이 지역사회 발전에 큰 동력이 되기에 충분했다. 초등교육만으로 끝이 날 농어촌의 가난한 청소년들에게 지역 내에서 중등교육을 받을 수 있는 기회가 주어진 것은 무엇보다도 기쁜 일이었다. 청소년들에게 저마다 자아실현의 길이 열린 것이다. 더불어 빈부격차에 따른 사회갈등의 해소로 지역사회에서도 크게 환영 받을 일이었다.

지역이든 국가든 교육의 바탕 위에서만 발전이 가능하다. 그럼에도 가난 때문에 교육의 기회를 얻지 못하는 청소년들을 안타깝게 여긴 선생의 선각자다운 실천은 두고두고 칭송 받을 만하다. 학교도 사회다. 규모는 작지만 방어진수산중학교의 설립이 사회 교육면에서도 효과가 컸음은 자명한 사실이다. 나아가 지역사회를 안정적으로 발전시키는 데도 주춧돌 역할을 했음을 알 수 있다.

그러나 선생의 설립취지만 남은 채 방어진수산중학교는 선생의 신념대로 운영을 지속할 수가 없게 되었다. 국고보조금이 한 푼도 없던 시절이라 사재를 털어서 운영을 하는 데는 한계가 있었다. 학교법인의 기본재산을 아무리 굴려도 그 수입만으로는 지속적인 운영이 어려웠다.

"이제 그만큼 했으면 됐으니 학교를 파시지요."

주변에서 노심초사하는 선생을 보다 못한 사람들이 학교를 넘길 것을 종용했다.

선생은 고민이 되었다. 학교를 팔면 자신의 일신은 편할 수도 있었다. 다만 그렇게 되면 학생들의 학비 부담이 생길 것이 염려되었다. 그것은 자신이 사재를 털어 학교를 세운 취지에도 맞지 않았다.

선생은 용단을 내렸다. 학교란 후진을 양성하는 기관이다. 기회는 누구에게나 균등하게 주어져야 한다. 가난 때문에 또다시 교육의 기회를 얻지 못하는 학생들이 있어서는 안 된다는 판단이 섰다. 이런 판단에 걸맞은 결정은 한 가지뿐이었다. 보다 충실한 후진들의 교육을 위한 길은 학교를 공립화하는 길밖에 없었다.

선생은 학원 전체를 나라에 헌납하기로 결정을 했다. 그 절차도 간단한 것은 아니었다. 여러 번의 공립 개편 신청 끝에 국가의 긍정적인 답변을 얻었다. 그 결과 선생이 영면한 지 10년이나 지난 1959년 5월에 공립으로 새로운 출발을 하게 되었다. 단 한 푼의 보상도 받지 않은 것도 선생의 뜻이었다.

이런 선생의 뜻을 깨달은 제1회 졸업생들은 그냥 있을 수가 없었다. 그런 마음에서 세운 것이 대왕암 초입에 자리한 이종산 송덕비다. 방어진이 일본인들이 많이 기거했던 지역임을 감안하면 선생의 송덕비를 보면서 그 뜻을 한 번쯤 기려보는 것도 의미 있는 일이다.

3코스

사람의 자취를 더듬으며
(섬끝마을 ~ 예전부두)

"

현재 방어진에는 왜옥들이 있는 골목이 남아 있다. 아픈 역사의 편린이지만 굳이 철거할 필요는 없겠다. 오늘날 방어진의 활력이 된 방어진항이 일본인들의 손에 의해 형성되었다는 것은 상처가 아닐 수 없다. 그렇지만 상처는 스스로 아물려야 한다. 그것이 더 고운 꽃을 피울 수 있는 원동력이 되는 것이므로.

"

말이 목을 축이던 곳

중점과 음수지

중점은 목리들의 거주지와 음수지가 있던 곳이다. 워낙 외딴 곳인 데다 목장지역이어서 인가가 드물었다. 말은 건초를 주로 먹는다. 그 때문에 반드시 물을 먹여야 했다. 이 지역이 대형 목장지대였던 만큼 음수지도 꽤 많았다. 음수지 하나에서는 대략 20~30여 마리가 물을 마셨다. 그런 규모의 음수지는 이 지역에만 30여 개가 넘었다. 중점지역은 그때의 음수지가 지금까지 곳곳에 남아있다.

구한말 국영목장이 폐쇄된 원인 중 하나는 국력의 쇠퇴에 있다. 조선이 일본과 러시아의 분쟁지역이 되면서 목장은 자연스럽게 사라졌다. 국영목장의 말이었음에도 지역 주민들에게 헐값에 넘기는 일도 있었을 정도다. 말이 없어지다 보니 음수지도 줄어드는 것은 당연하다. 그 많던 음수지가 지금껏 겨우 10여 군데만이라도 남은 것은 농업용수 조달에 필요해서다.

그마저도 대개는 작은 웅덩이처럼 남았다. 어떤 곳은 물이 없는 곳도

음수지

있다. 갈수기 때면 물이 마른 음수지에는 마른 갈대만이 바람에 서걱거린다. 이런 풍경은 인근 공동묘지와, 놀고 있는 적산지敵産地들을 더욱 살풍경스럽게 한다.

이 지역에는 일본인들이 버리고 간 적산지가 많다. 일본은 동양척식회사를 설립하기 3년 전인 1905년 조선인을 시켜서 전국적으로 공유지와 사유지에 대한 토지조사를 실시했다. 당시 이곳은 목장지대였던 터라 대개 공유지로 분류되었다.

나중에 사실을 알게 된 지주들은 발만 동동 굴렀다. 문서도 없이 조상대대로 물려받던 토지들이었기에 재산권 행사를 할 수가 없었다. 더러는 억울해서 소송까지 벌였으나 무모한 투쟁이었다.

어업통상조약을 맺은 뒤 일본인들은 조선의 바다를 마구 누볐다. 조약의 내용만을 보면 동등한 조건이었다. 일본인과 조선인들이 서로 오가면서 어업을 할 수 있는 조약이었다. 그러나 조약을 맺은 이후 드러난 사실은 명백한 불평등조약이었다. 그물이며 배 등 어업용구에서부터 일본은 조선을 훨씬 앞지른 상태였다. 어업기술이 발달한 일본인들이 해산물을 싹쓸이해 가다시피 하는 것은 당연한 이치였다.

1908년 조선은 어업법의 내용을 개정하기에 이른다. 조선에 거주하는 자에 한해서만 어업권을 취득할 수 있다는 내용을 추가한 것이다. 조선의 해산물을 제 것인 양 잡아가던 일본인들은 슬금슬금 방어진 지역으로 몰려들기 시작했다. 어장까지 경영하다 보니 일본인들의 가옥도 생겨나기 시작했다.

얼마 후에는 이 지역의 공유지를 일본인들에게 헐값에 불하까지 하게 된다. 개간 허가를 조건으로 한 불하였다. 엄연히 자신들의 소유였던 주민들은 더욱 억울했다. 그렇다고 달리 뾰족한 해결책도 없었다. 소송까지 벌였던 주인들이 호구지책으로 일본인들의 농토를 소작까지 하는 지경에 이르렀다. 당시 이 지역의 음수지는 농업용수를 조달하는 데 막중한 역할을 했다. 말을 먹이던 물로 곡식이며 채소를 기르게 된 것이다.

갈수기 때도 꽤 많은 물이 있는 곳도 두세 군데 있다. 현재 이곳의 물은 인근 경작지의 농업용수로 쓰이고 있다. 인근지역에서 푸성귀를 가꾸는 사람들 중에는 이 웅덩이가 음수지였음을 아는 이가 드물다. 방어진이 그저 방어가 많이 잡히는 곳으로만 아는 사람들. 조선시대에 꽤 큰 국영목장이었던 걸 아는 이도 많지 않다. 그럼에도 나라를 지키는 데 쓰는 군마들을 건강하게 키워내던 음수지가 지금은 채소들을 푸르고 싱싱하게 길러내고 있는 것이다. 음수지는 예나 지금이나 생명체를 길러내는 데는 물이 가장 요긴했음을 상기하게 되는 흔적이다.

이런 역사적 사실 때문일까. 맑은 날이면 음수지는 투명하리만치 푸르다. 하늘이 비친 그 물빛이 맑으나 때론 갈 곳을 잃은 말의 눈빛 같아서 들여다보노라면 어쩐지 좀 슬프다.

음수지가 끝나는 지점에는 목리들이 살던 관사가 있었다. 목리는 말을 관리하던 사람이다. 말단 하급관리에게 관사까지 줄 리 없었지만 이 지역은 달랐다. 목장지역이 워낙 방대하다보니 인가가 거의 없었다. 그렇다고 말을 돌보는 사람이 매일 먼 길을 걸어서 오갈 수도 없는 노릇이었다.

목장의 규모에 걸맞게 목리는 꽤 여럿 있었다. 관사도 여러 채 있었을 것은 당연하다. 지금은 바다가 내려다보이는 언덕바지에 한 채만이 남아 있다. 현대식 가옥에 비하면 아담한 관사의 모양새는 소박하기까지 하다. 그 모습이 어쩐지 말들이 떠난 곳을 그리는 듯 고즈넉해서 고독하게 보이기도 한다.

드라마 촬영지로 살아나다

섬끝마을

끝이라는 말은 어딘지 냉정하다. 단절감 때문이다. 섬끝마을은 다르다. 섬의 끝에 마을이 있어서 정답다. 섬끝마을은 슬도에서 가장 가까운 뭍이다. 이곳의 토박이 땅이름은 '서무끝'이다. 섬목곶 → 섬목끝 → 서무끝으로 변한 말이다.

길이나 능선이 가늘고 길게 이어지는 곳을 '목項'이라 한다. '길목 · 섬목 · 물목'등이 그것이다. 이곳은 '섬목'에 해당하며, '-끝'은 우리말 '곶串'이 변한 말로 보고 있다. 지금 이곳의 지명은 '성끝'으로 표기하고 있으나 '섬목끝(섬끝)'으로 바로잡아야 할 지명이다.

섬과 뭍의 사이에 낮은 능성이가 이어져 있어 마을이 형성된 곳이다. 간조 때는 이곳 주민들이 걸어서 섬으로 건너가 낚시도 하고, 수산물을 채취하기도 했다. 지금은 슬도와 방파제로 연결이 되어 있어서 슬도가 오히려 섬끝처럼 느껴질 정도다.

조선 효종 2년(1651)에 (신)마성馬城을 쌓아 서부동 이남으로 옮겼다.

대왕암에서 섬끝마을로 가는 해안길. mbc드라마 〈메이퀸〉 촬영지 ▲
섬끝마을에서 바라본 대왕암 ▼

그랬던 것을 고종 31년(1894)에 폐지할 때까지 이 근처는 마구간에 해당하는 마필구집소가 있었다. 정확한 위치는 대왕암 입구의 소바위산 아래였다. 마구간의 규모는 대단했다. 360여 마리를 한 곳에 넣었다고 전하지만 이는 과장된 이야기일 것이다. 마구간 한 곳에 50~60여 마리씩 나눠서 관리를 했다.

근처에는 아직도 음수지 등 말을 놓아 먹였던 흔적이 곳곳에 남아있다. 물이 없는 곳이 더 많지만 가뭄에도 물이 있어 작은 저수지처럼 보이는 곳도 있다. 이런 역사적 사실 때문에 이곳을 '제3의 마성'으로 보는 설도 있다. 그 때문에 '섬목끝'이 '성끝'으로 불리고 있는 것이다.

말 가두리의 울타리까지 마성으로 보아야 할 것인지의 여부는 지명과 관련해서 따질 일은 아니다. 다만 이곳의 주민들에게 구전되어 오는 토박이 땅이름은 '서무끝(섬끝)'이라는 점은 주지할 필요가 있다.

비릿하나 싱싱한 갯내음이 갯가 사람들의 삶을 대변하는 곳. 주변경관이 고요하면서도 아름다워 몇 년 전에는 울산을 대표하는 기업의 생성 과정과 인간의 욕망을 다룬 드라마 '욕망의 불꽃' 촬영지가 되었던 곳이기도 하다. 그 덕분에 조용한 마을이 세상에 널리 알려지기도 했다.

해녀 이야기

바다를 끼고 있는 울산은 바다가 주는 경제적 · 문화적 혜택을 직접 누려 오던 수혜자의 입장이면서도, 바다와 연관된 여러 가지 풍습들을 천시하던 우리네 인습因襲 또한 오랜 세월 떨쳐내지 못하고 있었다. 섬끝마을은 갯마을이다. 주민들의 직업은 어업이 주가 될 수밖에 없었다. 특히 이 지역에는 해녀들이 많았다.

중앙 관리의 눈으로 보면, 울산은 바닷가인 갯가海邊에 위치하고 있는 고을일 뿐이었다. 개지변皆知邊 또는 계변성戒邊城으로 불렀던 것은 자연스러운 현상이다. 울산의 내륙 사람 역시 근교의 바닷가 주민들을 갯가(해변가) 사람들로 부르며 천시하던 패습이 있었다. 농토가 그리 넉넉하지 않았던 바닷가 주민들에게 바다는 가족들의 주린 배를 채워 주는 또 다른 농토였다. 바닷가 사람들의 질긴 삶은 어부라는 이름으로, 해녀라는 특수 직능의 기능인으로서 개인이나 집단을 통해서 이어져 왔다.

울산의 근현대사 속에는 어부와 해녀들의 삶이 녹아있는 경제적 문화

해녀들

적 공간이 분명히 있다. 사료史料의 부족으로 특히 울산 해녀에 대한 연구는 아직도 미진한 실정이지만 기록들이 아주 없지는 않다. 울산의 해녀가 바다와 함께 살았던 흔적은 섬끝마을에 간간이 남아 있다.

섬끝마을은 청정해역이었다. 구멍바위로 된 슬도와 맞닿아 있어 해조류와 어패류가 많았다. 해녀들이 조업하기에 알맞은 환경이었다. 해녀가 생겨난 것도 자연스러운 현상이었다.

"성게 어패류 등을 채취할 때면 누구나 휘파람 소리를 내요. 깊은 바다 속에서 무질을 하는 동안 참았던 숨을 길게 토해 내는 숨소리제."

제주도에서 건너온 해녀 현경순 씨의 말이다. 그녀가 물질할 때 내뱉었던 숨비질소리를 들려주었다. 그것은 마치 지친 삶의 애환이 녹아 있는 노동요의 후렴처럼 애절하고 청량하게 들렸다.

"1960년대 이전까지는 제주도에서 건너온 해녀들뿐이었제. 근데 울산 사람들이 자맥질을 배우게 된 기라."

마을에는 어촌계가 있었다. 계원들끼리 미역돌 관리와 더불어 미역돌 깎기(매기), 미역 채취, 소출에 대한 수익배분을 하면서 끈끈한 관계를 유지했다. 미역돌을 매는 일은 특히 정성이 필요했다. 얕은 곳의 돌은 일반 사람들이 맸다. 돌 위에 서서 깔개대로 돌에 붙은 잡초와 어패류 등을 떼어내는 일을 했다. 수심이 깊은 곳은 해녀들이 자맥질로 작업을 했다. 미역돌 매기는 미역 포자가 잘 부착하도록 돌을 깨끗하게 해주는 작업이다.

같은 계원이라도 해녀들은 품삯을 받고 일을 했다. 해녀가 아닌 선주 등의 계원은 품삯을 내놓아야 하므로 어려움이 많았다. 이런 관계로 방어진 앞바다의 미역돌은 묵혀진 돌이 많았다. 육지의 밭으로 말하면 묵정밭이 된 셈이다.

생미역을 채취할 수확 철에는 해녀들이 낫으로 미역을 자른다. 손가락 사이로 빠져나온 미역이 넘실넘실 물에 떠다닐 때면 마을 전체가 분주해진다. 미역 이삭을 줍기 위해서 덴마선(傳馬船)를 타고 오는 사람들 때문이다.

어촌계는 1년에 두 번 해조류 채취령을 내린다. 5월과 6월이다. 이 기간은 해녀들에게 마음 놓고 무질을 할 수 있는 황금기다. 이 기간을 놓칠세라 어떤 해녀는 만삭이 된 몸으로도 무질을 했다. 무질 중에 진통이 와서 장비를 내려놓은 채 겨우 몸만 가누어 집으로 달려가 애기를 낳은 사람도 있었다.

물질은 철저하게 음력에 맞춰서 했다. 음력 8일과 23일은 '조금'이라 부르는데 그 다음날부터 하루씩 한물, 두물, 세물로 이어진다. 조금 때는 조수간만의 차이가 가장 적다. 해류의 흐름도 약한 것은 당연하다.

물결이 세면 물질을 하기에 힘들기에 해녀들은 이때를 놓치지 않았다.

해조류는 다양했다. 가격이 비싼 순으로, 우뭇가사리, 도박, 깐도바리, 서무가사리가 있고, 당장 채취해서 먹을거리로는 미역, 몰, 곤피(곤포의 방언), 청각, 외지, 파래, 진저리 등이 있다. 성게, 멍게, 돌멍게, 해삼, 소라, 전복, 고동, 군소 등도 어로작업의 대상이다. 파래 중에 잎이 큰 것은 과자를 만드는 데 이용되었다. 잎이 큰 파래는 아침에 채취하여 당일 말려서 팔았다. 당일 말리지 않으면 하얗게 바래서 못쓰게 된다. 진저리와 몰재피(말잘피의 방언)는 비료조肥料藻로 취급되었다. 채취하면 밭으로 실어 날라 거름으로 사용했으니 바다는 농토의 거름까지 제공하는 보고였다.

성게, 앙장구알雲丹은 가공하여 일본으로 수출했다. 한적한 갯마을에서 외화 벌이의 주요한 자원이 생산되었고, 그것들을 채취한 해녀들은 한동안 수출 역군으로 활약한 셈이다. 성게는 네 종류가 있다 보라색, 빨간색, 검은 참성게, 검은색을 띠면서도 잔털이 많은 하이칼라성게가 있다. 해외로 수출하는 앙장구(말똥성게의 경상도 사투리)는 침이 짧은 것인데, 운단(성게) 수출의 주역으로 침이 긴 성게에 비해 값이 비쌌다.

공장이 들어서기 전만 해도 샛날(동풍이 부는 날의 경상도 사투리) 들어물이 맑은 날에는 수십 길 아래의 바닥도 훤히 들여다보였다. 온 연안은 해조류가 숲을 이루고 있었다. 몰과 진저리의 숲을 낫으로 쳐서 길을 내지 않으면 해녀들이 지나다닐 수가 없을 정도였다. 해조류의 숲은 각종 어류의 산란장소다. 치어가 자라는 연안의 일급 생태계다. 멍게가 군생하는 멍게 밭은 온통 붉은 벚꽃이 만발한 것처럼 고왔다. 옛날에는 연안 곳곳에서 흔히 볼 수 있었던 바닷속 풍경이었으나 지금은 씨종자마저 사라졌다. 옛 풍경만이 늙은 해녀들의 기억 속에 잔상으로만 남아 있을 뿐이다.

수경을 쓰고 들여다보는 바닷속 풍경은 환상적이지만 해녀들은 그런 아름다움에 매료될 겨를이 없다. 짧은 시간 동안 눈에 들어오는 해초며, 어패류를 따내야 하기 때문이다. 장비가 열악한 상황에서 손길이 빨라질 수밖에 없다. 1960년대 후반은 울산의 해녀들에게 행운의 해였다. 전통적으로 써 오던 쌍안경 대신 유리알 한 개로 된 큰 수경이 나온 것이다. 시야확보가 잘 되니 채취 시간을 앞당길 수 있었고, 이는 수확량을 늘리는 계기가 되었다.

고무 재질의 잠수복 등장은 획기적이었다. 현대의 잠수복이 나오기 전에는 미영배(광목)로 잠수복을 만들어 입었다. 이 물옷의 이름은 하의는 '소중이', 상의는 '물적삼'이라고 불렀다. 보온이 되지 않는 것이 당연했다. 특히 음력 12월에는 물 밖으로 나오면 물옷에 얼음이 치렁치렁 매달렸다. 모닥불에 몸을 녹이고 다시 물에 들어가곤 했지만 오랜 시간 작업을 하지 못 했다. 그 옷을 입고는 10~20분 정도만 물질을 하면 몸이 마비될 정도다. 물질을 하다가 몸을 녹이기를 되풀이하면서 작업을 해도 하루 두 시간 이상은 할 수가 없었다. 이런 어려움을 개선한 잠수복이 나온 것은 1975년경이었다. 고무 재질의 잠수복을 입으면 하루 종일 물질을 해도 춥지 않았다.

그러나 세상은 흑과 백이 공존하고, 음과 양이 병행하는 법. 좋은 점이 있으면 이면에 반드시 그에 준하는 문제점이 있게 마련이다. 획기적인 잠수복의 생산으로 작업시간이 길어져 해녀들은 경제적으로 풍족해졌다. 수확량이 부쩍 늘어서 살림도 쏠쏠해졌다. 그런 만큼 욕심이 앞선 것이 화근이었다. 눈에 띄는 대로 잡다 보니 결국 연안의 수산자원을 고갈되게 만드는 원인이 된 것은 안타까운 일이다.

"슬도 앞에 있던 무돌은 참 좋은 돌이었제. 제주도 화산석 같이 생겼는데 꺼멓지는 않았제. 돌마다 구멍이 숭숭 많이도 뚫려 있었능기라. 무질을 하면서 알게 됐는데 바닷속에 있는 바위에도 온통 구멍 천지였제. 그란데 이 구멍이 여간 고마운 기 아니라. 구멍마다 소라 고동들이 가득 들어앉아 있었거든."

지금은 사라진 기억이나 해녀가 전설처럼 들려주는 바다의 이야기는 여전히 푸르게 출렁거린다.

어디나 스며드는 유연한 물과 함께 사는 해녀들이었지만 간혹 위험한 일도 있었다. 갯마을에는 낚시꾼들도 많았다. 그들이 던진 봉돌에 눈을 맞는 경우가 간혹 있었는데 해녀들은 물속에서 작업을 하는 관계로 낚시꾼들의 눈에 띄지 않아 생기는 사고였다. 그 일로 대수술을 받기도 했고, 배가 지날 때 스크루에 스쳐서 백여 바늘을 꿰매는 대수술을 받은 사고도 있었다.

이처럼 해녀들을 위험에 노출시키는 대상은 바다가 아니었다. 바다는 오히려 해녀들의 삶의 터전이며 안식처였다. 해조류와 어패류의 남획이 해녀들을 스스로 사라지게 한 원인이었지만 그때까지도 바다는 해녀들을 스스로 골탕 먹이거나 해치지 않았다.

지금 섬끝마을에 해녀는 드물다. 바다에만 기대어 먹고 사는 사람들이 드문 것과 마찬가지다. 지금은 손으로 따내던 어패류들이 씨도 없을 정도로 사라져 버렸다. 해녀생활을 했던 사람들이 이런 바다를 보노라면 가슴이 쓰리고, 숨이 막힐 것 같다. 물론 굳이 해녀생활을 하지 않아도 여유가 생기긴 했지만 해녀들이 자맥질하는 바다가 그리운 건 사실이다.

섬끝마을에서 중점까지 이어지는 해안도로는 산책을 하기에 알맞다.

바다의 풍경을 보는 재미가 신선하다. 크고 작은 미역바위들이며, 바닷물에 밀려온 바다풀들을 말리는 모습, 조개 따는 아낙들의 조용한 움직임을 보노라면 쫓기듯 사는 일상에도 여유가 생긴다.

늘 같은 얼굴 같지만 자세히 들여다보면 바다는 한 시도 같은 모습인 적이 없다. 바람이 불지 않으면 드러나게 움직이는 일이 없어도 바다는 쉬지 않기 때문이다. 잔잔한 모습으로 사나운 상어를 품어 줄 줄 알며, 조개, 쏙 등 갯가 생물까지 길러내는 것이 바다다. 그런 바다를 보면서 걷노라면 어느 새 마음에까지 푸른 물이 뚝뚝 듣는 것을 느낄 수 있는 구간이다.

지붕 없는 예술관

슬도瑟島

아름다운 것은 숨길 수가 없다. 한 번 본 사람들이 입소문을 내기 때문이다. 이동수단이 다양하고 간편해지면서 아름다운 곳은 어디나 명소가 되고 있다. 슬도도 그 중 하나다. 슬도는 이름처럼 거문고섬이라는 이름이 걸맞은 섬이다.

실제로 이런 이름이 붙은 유래는 거문고소리와는 무관하다. 원래는 수리섬으로 불리던 무인섬이다. 섬끝마을의 머리 부분이라고 해서 불리던 이름이 시루섬이 되었다. 시루섬이라고 부른 것은 바위에 뚫린 구멍들 때문이다. 실제로 크고 작은 구멍이 숭숭 뚫린 바위는 흡사 시루의 밑바닥을 연상케 한다. 시루 바닥에 뚫린 구멍들은 떡을 찌는데 중요한 역할을 한다. 배고픈 시절, 눈에 보이는 사물마다 식량을 비롯한 먹을거리와 연관을 짓다 보니 시루섬이 된 것은 조금도 이상할 것이 없다.

이런 이름들을 한자로 표기하면서 음이 비슷한 슬도瑟島로 적게 되어 지금껏 슬도로 불리는 곳. 이름에는 섬이란 의미가 꼬리표처럼 붙어있지만 슬도는 이미 섬이 아니다. 사람이 살지 않는 것은 여전하나 섬끝마을과 이어놓은 방파제 덕분에 섬끝마을의 일부가 된 것이다.

무인등대와 아기고래를 업은 어미고래의 조형물을 양쪽 어깨에 걸친 모습은 묘하게 사람을 끄는 힘이 있다. 바다 쪽에서는 긴 바다여정에 지친 심신이 육지가 주는 편안함을 느끼게 한다. 반대로 육지 쪽에서는 건강한 일탈을 꿈꾸게 하는 곳이다. 단조로운 일상을 벗어나고 싶은 이들에게 바다의 푸른 기상에 대한 동경을 갖게 하는 섬. 조용하면서도 맑은 거문고소리로 유혹을 하는 곳이 슬도다.

슬도에는 120만 개의 바위구멍들이 있다. 그 구멍들은 해풍이 만들어내는 파도의 강도에 따라 여러 가지 소리를 낸다. 구멍에서 나는 소리가 마치 거문고를 뜯는 소리 같다니 슬도라는 이름이 더 아름답게 전해진다.

바위 구멍은 모두 돌맛조개들이 뚫은 것이다. 돌맛조개는 일명 석공조개로 불린다. 구멍은 조개들의 보금자리다. 보다 안락한 삶을 위한 보금자리를 만들기 위해 단단한 바위에 그렇듯 깊은 구멍을 낸 것이다. 과연 대단한 석공들이 아닐 수 없다.

바위에 구멍 내기는 연장을 가지고도 쉬운 일이 아니다. 날카로운 이빨이 있는 것도 아닌 조개들이 딱딱한 바위에 구멍을 뚫기는 쉽지 않았을 것이다. 오랜 세월을 두고 뚫은 구멍들을 보면서 바위구멍들이 연주해 내는 고운 음악들을 듣노라면 조개들이 전하는 인고의 교훈이 새삼 전해진다.

물결이 잔잔한 날, 바다 속 용궁에서는 용왕이 잔치를 열기로 했다. 모든 바다 생물들은 저마다 들떠서 술렁거렸다. 그날은 용궁이 누구에

슬도

게나 개방되는 날이다. 신하들이나 왕족들은 수시로 드나들 수 있는 용궁이지만 일반 백성들에게 용궁을 구경하기란 하늘의 별따기나 마찬가지였다.

싱싱한 미역줄기에 쓴 방들이 골목마다 넌출졌다.

〈모某월 모某일은 물결이 가장 잔잔한 날이다. 그날은 용왕님의 성덕을 기념하는 잔치를 열 것이다. 모든 백성들에게 용궁의 문을 개방할 것이니 백성들은 모두 용왕님의 손님이 될 것이다.

단, 잔치에 참가하는 백성들은 각자 한 가지씩 자신이 가진 재능을 보여서 용왕님을 기쁘게 하여야 할 것이다. 그런 노력조차 하지 않는 자는 출입을 금한다는 걸 명심하라.〉

"이번 잔치는 용왕님이 특별히 베푸시는 거래."

"용궁이 어떤 곳인지 궁금해 하는 백성들을 위한 거라지?"

"평생에 한 번 있을까 말까한 기횐데 꼭 가야지."

방을 보던 돌고래와, 은갈치, 문어에 이르기까지 저마다 한껏 마음이 부풀었다.

"그런데 난 무슨 재능이 있지?"

은갈치의 말에 고등어가 거들었다.

"반짝이는 몸으로 춤사위를 한 번 보여준다면 용왕님도 흐뭇해하실 걸."

"하긴……. 춤이라면 자네도 일가견이 있지 않은가?"

은갈치가 고등어의 푸른 등을 두드려주며 집으로 돌아갔다.

"나도 오늘부터 높이 오르기 연습을 좀 더 해야겠네."

"난 먹물로 용왕님의 용안을 멋지게 그려 드려야겠다."

돌고래와 문어가 주고받는 말에 다른 생물들도 멋진 비늘을 살랑거렸다. 비늘이 없는 장어는 긴 몸을 휘리릭 흔들어보였다. 보기만 해도 가슴이 후련해지는 몸짓이었다. 작은 물고기들은 뻐끔거리며 물방울을 열심히 만들어냈다. 마치 마술이라도 하는 듯한 모습에 골목은 벌써 잔치분위기였다.

조개들은 걱정이 되었다. 자신들은 다른 생물들이 가진 어떤 재능도 가진 것이 없었다. 춤을 출 멋진 비늘도 없고, 뻐끔거리며 물방울무늬를 만들어 낼 입도 없었다. 돌고래처럼 높이 뛰어 오를 재주도 없었고, 문어처럼 그림을 그릴 먹물도 재주도 없었다.

"우린 안 되겠지?"

"그래. 우리가 할 수 있는 거라곤 죽어서 우리의 껍질로 용궁을 아름답게 꾸며주는 도구가 되는 것뿐이야."

"아아~ 살아서는 아무런 재능도 바칠 것이 없다는 사실이 너무 한탄스럽구나."

조개들은 용궁에서 멀리 떨어진 곳으로 이사를 했다. 제법 깊은 곳도 있었지만 대개는 용궁에서는 먼 해변이었다.

조개들은 그 곳에서 저마다 살길을 찾아 바닷가로 나왔지만 부끄러웠다. 용왕에게 바칠 재능이 아무것도 없어서 바닷가로 밀려나왔다는 걸 누가 알기라도 할까 봐 몸을 숨기기에 바빴다. 저마다 바닷가에 자리한 개펄을 파고들기 시작했다.

그렇다고 용왕님에 대한 충성심까지 없어진 건 아니었다. 눈부신 산호초가 휘감은 용궁이 그리울수록 아무런 재주도 바칠 게 없다는 생각이 조개들을 괴롭혔다. 용궁은 조개들에게 점점 꿈의 세계가 되어갔다.

돌맛조개들은 동쪽 바다로 이사를 했다. 그 곳에는 파고들 개펄이 없었다. 그다지 크지 않은 바위섬이 있을 뿐이었다. 더는 나아갈 곳도 없었고 먼 여행에 지친 몸이라 우선 바위섬에 자리를 잡았다. 그 곳은 개펄과 달라서 잠시도 편안히 쉴 곳이 없었다.

"우선은 조금이라도 덜 딱딱하고 오목한 곳에 자리를 잡자."

촌장의 말에 돌맛조개들은 바위에 다닥다닥 붙기 시작했다.

살길을 찾아 떠나온 곳이 하필이면 바위섬이었다. 물새들이 지나면서 비웃었다. 서쪽 바다로 갔으면 개펄이 많아서 살기에 한결 나았을 것이라고 했다. 그렇지만 다시 옮겨갈 기력이 없었다. 용궁에서 이곳까지만 해도 멀고 험난한 길이었다.

한 자리에 모인 돌맛조개들은 회의를 했다. 그 곳을 떠나자는 의견도 있었지만 더 이상의 희생을 감수할 수는 없다는 의견이 더 많았다. 이미 그 곳까지 오는 동안 허약한 몇몇의 희생을 보면서도 슬퍼할 겨를조 없었던 것이다.

"이곳에 터전을 마련하게 된 것도 우리의 운명이다."

촌장의 말에 따르기로 했다.

비록 바위였지만 저마다 나름대로 부드러운 곳을 찾아 자리를 잡았다. 저마다 겨우 자리를 잡았지만 몸을 숨길 곳이 없었다. 돌맛조개들은 앙버팀을 한 채 물이 차길 기다렸다.

얼마를 기다렸을까, 조금씩 지쳐갈 때 물이 차오르기 시작했다. 시간이 지나면서 돌맛조개들은 바위섬에서 사는 법을 익히게 되었다. 물이 찼을 때는 아늑했지만 가끔씩 물이 빠지는 썰물 때는 견디기가 힘들었다.

"다행히도 여기는 물길이 그다지 험하지는 않구나. 물이 차오르면 부지런히 먹이들을 찾도록 해라."

촌장은 길을 잘못 이끈 스스로를 위로하듯 돌맛조개들에게 말했다.

촌장의 말은 사실이었다. 돌맛조개들이 자리한 바위섬은 서쪽 바다처럼 조수간만의 차이가 심하지는 않았다. 풍부하지는 않아도 먹이가 될 만한 것들도 있었다.

비록 높낮이가 심하지는 않아도 되풀이 되는 썰물과 밀물은 돌맛조개들을 길들이기 시작했다. 부족하면 부족한 대로 나누며 사는 법도 익혀갔다.

"썰물이다. 몸을 움직이지 말라."

촌장의 지시에 따라 돌맛조개들은 물이 빠져나가면 몸을 움직이지 않았다.

물이 빠져나간 바위섬은 드넓었다. 시커멓게 속살을 드러낸 바위섬에 붙은 돌맛조개들은 무리지어 있으면서도 외로웠다. 가슴속까지 파고드는 외로움에 몸을 더욱 낮게 웅크린 채 바위를 잡고 움직이지 않았다.

바위는 황량했다. 햇살이 쏟아지면 바위는 금방 말라버렸다. 먹이도 없이 뜨거워지는 바위에 붙어서 버티는 일은 견디기 힘든 고통이었다. 그렇다고 바위를 잡은 몸에 힘을 뺄 수는 없었다. 바위에서 떨어지면 삶의 터전을 잃어버릴 것 같았다.

떨어지면 죽는다는 절박함이 버틸 힘이 되어주었다. 죽을힘을 다해서 빨판을 내밀어 바위에 몸을 붙였다. 그렇게 버티자니 진땀이 저절로 났다. 얼마나 힘든지 용궁에 대한 그리움도 물길처럼 조금씩 잦아들었다.

"어? 이것 좀 봐."

"바위가 처음보다 더 부드러워졌어."

돌맛조개들은 신기한 걸 발견해냈다. 자신들이 흘린 진땀이 바위를 녹인 것이다.

덕분에 처음 자리를 잡았을 때보다 홈이 조금 더 깊어졌다. 저마다 조금 더 깊어진 홈으로 몸을 숨겼다.

"만조시간이다!"

바위에 열심히 구멍을 내며 망을 보던 조개의 말에 돌맛조개들은 마음이 급해졌다. 물길에 밀려올 먹이들로 한동안 굶주렸던 배를 채울 시간이 된 것이다.

빠져나갔던 물이 밀려오고 있었다. 죽은 듯 조용하던 바위섬이 살아나기 시작했다. 자잘한 자갈들이 많이 섞인 모래톱에 멈춰 섰던 작은 배들도 움직이기 시작했다. 마치 누군가의 지시에 따라 움직이듯 물 위로 둥둥 떠올랐다.

돌맛조개들도 바빠졌다. 바닥이 드러난 바위섬과 모래톱을 보면서 느끼던 외로움은 용궁에 대한 그리움으로 바뀌었다. 그리움은 허기를 채우는 힘이 되었다.

돌맛조개들은 부지런히 움직였다. 몸속에 숨겨 놓았던 두 개의 관을 물길을 향해 뻗었다. 물길 속에는 먹이들이 풍부했다. 썰물 때가 되면 또 굶어야 한다는 생각에 쉴 틈이 없었다. 저마다 한껏 배를 불리자 천천히 물길이 쓸려 나갔다.

썰물 때면 바위에 붙어서 버티고, 밀물 때면 먹이를 찾아 움직이는 일이 계속되었다. 그러는 사이 돌맛조개들은 바위에 붙어사는 법을 제대로 터득하게 되었다.

돌맛조개들은 물이 빠져나간 뒤면 바위에 구멍을 내는 일을 했다. 일하면서 흘린 땀으로 바위를 녹여내는 일이 쉬운 것은 아니었다. 그 때문에 눈에 띄게 구멍이 커지지는 않았다. 다만 시간이 지날수록 처음보다 커지고 깊어진 구멍은 좋은 보금자리가 되어주었다.

돌맛조개들의 몸이 조금씩 커짐에 따라 구멍도 넓고 깊어졌다.

오랜 세월이 흘렀다. 처음에 자리를 잡았던 돌맛조개들이 죽고 후손에 후손이 태어났다. 어느 덧 매끈하던 바위에는 송송 뚫린 구멍이 선명해졌다. 사람들은 그 바위를 곰보바위라고 불렀다. 바람이 불고 파도가 칠 때마다 곰보바위에는 물이 찼다가 빠져나가곤 했다. 그 아래는 어김없이 돌맛조개들이 몸을 숨기고 있었다.

바람이 불던 어느 날 용왕님은 아름다운 음악소리를 들었다. 천상에서 들리는 듯 아름다운 소리였다.

"이건 누가 뜯는 거문고소리냐?"

용왕님의 궁금증을 눈치 챈 용궁대신들은 고개만 갸우뚱거렸다. 그것이 먼 옛날 용왕의 잔치에 보여 줄 재주가 없어서 고향을 떠난 돌맛조개들이 오랜 세월 대를 이어 만든 구멍에서 나는 소리라는 걸 아는 이는 아무도 없었다.

"끊일 듯 이어지는 이 소리의 정체를 알아오너라."

용왕의 지시에 따라 돌고래가 순찰을 돌았다.

용궁을 떠난 돌고래가 바위섬 근처에 다다랐다.

"이게 뭐지?"

돌고래는 춤이라도 추듯 몸을 이리저리 돌리며 바위섬을 살폈다. 마침 물이 빠져나간 때라 바위섬에는 구멍만 송송 뚫린 채였다.

바람이 휘잉, 지나갔다. 물결이 일었다. 천천히 밀려온 물결은 바위에서 부서졌다. 그럴 때마다 바위에서 아름다운 소리가 들렸다. 바람이 또 불었고 파도가 좀 더 세졌다. 바위가 내는 소리도 달랐다.

돌고래가 들은 소리는 여러 가지였다. 들을수록 신기했다. 누군가가 거문고를 뜯고 있을 거라는 짐작은 어느 새 잊은 채였다. 한참을 살피자니 바람의 세기에 따라 일어난 물결을 받은 바위가 내는 소리라는 걸 알게 된 것이다.

"참 신기한 일이로다."

돌고래는 바위에 난 구멍을 들여다보았다. 마침 밖의 기척에 고개를 내밀던 촌장 돌맛조개와 눈이 딱 마주쳤다.

"예까지 어인 일이십니까?"

촌장은 깜짝 놀랐다. 가끔 보았던 돌고래였다. 비록 멀리서 보았지만 바다 위를 솟구치는 힘찬 몸놀림이 부러웠던 생각이 났을 때였다.

"그 옛날 용궁촌에서 아무도 몰래 사라졌다고 생각했더니 이곳에 자리를 잡고 살고 있었더냐?"

돌고래가 물었다.

촌장은 오랜 세월을 두고 전해진 이야기를 들려주었다. 용왕에게 아무것도 보여 줄 재주가 없어서 용궁촌을 떠나온 조상들의 슬픈 패배의 이야기였다.

"허허~ 이렇게나 훌륭한 악기를 만들어낼 줄 아는데 왜 재주가 없다는 건가?"

돌고래는 용궁으로 돌아가면 용왕에게 일러서 돌맛조개들을 부르겠노라고 했다.

촌장은 돌맛조개들을 대신해서 사양했다. 자신들은 용왕을 위해 악기를 만든 것이 아니었다. 오랜 세월을 두고 삶의 터전을 만들었을 뿐이다. 거기에 바람의 협조로 음악이 된다는 걸 얼마 전에야 알았을 뿐이다.

"저희는 이제 용궁은 잊었습니다. 다만 저희의 집이 용왕님께서 듣고 즐기실 음악을 만드는 악기로 쓰이는 영광만은 기쁘게 누릴 것입니다."

돌고래는 촌장의 말에 고개를 끄덕였다.

"알겠네. 그대들의 뜻을 용왕님께 전하지. 그 대신 용왕님께 청해서 그대들이 굶주리지 않도록 도와주겠네. 이것은 자네들의 겸손함이 만들어낸 빼어난 작품일세. 이 바위에 지은 자네들의 집은 용왕님께 드릴 재주가 없다는 겸손함과 오랜 세월을 참을성 있게 버텨낸 노력이 빚어낸 명작일세."

돌고래가 돌아간 뒤 촌장은 돌맛조개들을 불러 모았다.

돌고래의 말을 전하자 환호성이 터졌다. 조상들이 재주 없음을 한탄하며 떠나온 용궁이었다. 용궁에서 가장 먼 곳까지 나와서 산 세월이 얼마인가? 촌장은 문득 그토록 오랜 세월동안 아무도 자신들의 존재를 알아주지 않았다는 설움이 북받쳤다.

발붙이고 살기에 척박하기만 했던 바위섬이었다. 조수간만의 고통이 주마등처럼 스쳤다. 물이 쓸려나간 뒤면 햇살에 말라가는 몸을 숨기느라 바위를 뚫던 고단함도 스쳤다.

돌고래가 돌아간 뒤 돌맛조개들의 먹이가 풍부해졌다. 물길에 띄워

슬도 경관교량

보낸 먹이들을 보며 용왕의 은혜에 감사한 날을 보냈다. 그런 감사의 마음은 바람을 불러들여 음악을 연주하는 것으로 대신했다.

음악은 점점 더 아름답고 풍성해졌다.

"가만! 이 거문고소리는 어디서 나는 거지?"

바위섬에서 나는 소리는 어풍대에 놀러온 신라왕의 귓가에도 머물렀다. 한껏 풍류를 즐기려는 왕의 행차에 더없이 좋은 선율에 왕은 기분이 좋아졌다. 필경 아름다운 여인이거나 풍류를 아는 멋진 사내가 뜯는 거문고소리려니 여겼다.

"어디서 누가 거문고를 뜯는지 알아오도록 하라."

끊일 듯 이어지는 거문고가락에 왕은 더욱 궁금해졌다.

신하들이 소리를 따라 간 곳은 시루섬이었다. 그 곳에는 아리따운 여인도, 풍류를 아는 사내도 없었다. 보이는 것이라곤 오직 구멍이 숭숭 뚫린 채 곰보처럼 엎드린 바위섬뿐이었다.

"이것 좀 보게. 바위에 누가 이렇게 구멍을 뚫어놨지?"

바위섬에서 바람을 맞던 신하들은 고개만 갸웃거리다가 돌아갔다.

"그래? 바위에 뚫린 구멍에서 나는 소리란 말이지?"

왕은 시루섬을 돌아보았다. 아주 작은 섬이었다. 신하들의 말도 사실이었다. 크고 작게 뚫린 바위 구멍들에 바람이 지나면서 내는 소리였다. 그러나 정작 가까이서 들으니 음악소리라기보다는 그저 짤막한 휘파람소리들이 이어지는 것 같았다.

"바람이 있어야 음악도 들린다? 옳아! 이 가락이 멀리까지 들리는 날은 어부들도 배를 멈추고 쉬라는 용왕님의 뜻이렷다."

왕의 말은 그럴 듯했다. 시루섬에 뚫린 구멍에서는 바람이 있는 날만 소리가 났다. 바람이 심한 날일수록 음악소리도 크게 들렸다.

시루섬에서 들리는 거문고소리는 모두의 안전을 돕는 신호음이 되어갔다. 사람들은 거문고소리가 크게 들리는 날일수록 바람이 많이 분다는 걸 집 안에서도 알았다. 그런 날은 바다에 나가지 않고, 시루섬이 들려주는 음악소리에 맞춰 집에서 할 수 있는 일을 하게 되었다.

작디작은 바다생물에 불과한 돌맛조개들이 만들어낸 구멍 덕분에 슬도는 아름다운 명소가 되었다. 방어진의 작은 명소였던 슬도는 〈욕망의 불꽃〉 촬영지로 전국에까지 알려졌다. 〈욕망의 불꽃〉은 2010년 10월~2011년 3월까지 MBC에서 방영된 드라마다. 울산에 자리 잡은 국내 굴지의 기업을 배경으로 해서 야외촬영은 간절곶과 슬도에서 주로 했던 드라마였다. 드라마에 자주 등장했던 '방어진 횟집'의 배경이 된 가게가 섬끝 마을에 있고, 슬도까지 이어지는 길이 된 방파제에서 바람을

맞으며 연기를 했던 장면들을 기억하는 이들도 많다. 이런 명성에 힘입어 2012년 8월부터는 MBC에서 〈메이퀸〉의 무대로 삼아 다시 야외촬영을 했다.

슬도는 대왕암에서 우측으로 고개를 돌리면 아련하게 보이는 작은 섬이다. 뱃고동을 비롯한 크고 작은 기계음이 많이 들리는 현재는 슬도명파조차 전설처럼 전하지만 그 모습은 여전하다.

슬도는 언뜻보면 대형 벌집 같다. 구멍은 직경 2~10cm까지 크기가 다양하다. 슬도에서는 해안길 전체의 풍경이 거의 다 보인다. 이곳에서는 반드시 등대에 오를 것을 권한다. 정면을 봐도 좌우를 봐도 시원하고 아름다운 방어진 풍광을 만날 수 있다. 특히 좌우로 보이는 화암추등대와 울산항, 대왕암공원의 송림까지 관망할 수 있어서 좋다.

슬도는 동구청이 2009년 12월부터 조성한 작은 공원이다. 섬 입구에 세워진 무인등대와 함께 11m 높이의 아기고래를 업은 어미고래 조형물이 볼 만하다. 섬 안에는 잔디를 깔고, 누구나 앉아서 쉴 수 있는 의자도 만들어 두었다. 섬까지 이어지는 길에는 야간 조명장치도 만들었다. 진입로 입구에 주차장까지 완비한 것은 슬도의 아름다움을 체험하러 오는 방문객에게 최대한 만족감을 주기 위한 배려다.

슬도소공원 조성에는 바위구멍 사이로 드나드는 파도소리가 마치 거문고소리처럼 들려서 '슬도'가 되었다는 지명유래도 한 몫을 했다. 보는 것도 중요하지만 들음으로써 경관의 아름다움을 느낄 수 있는 '사운드스케이프Sound Scape(음의 풍경)'를 적용한 것이다. 고래조형물 윗부분에는 동그랗게 구멍을 냈다. 거기에 금속재질의 풍경을 달아 소리가 나게 했다. 바람이 불 때마다 풍경이 내는 소리는 마치 고래의 울음소리를 연상케 한다.

경관교량의 난간 모양도 특이하다. 자세히 보면 거문고 모양임을 알 수 있다. 이 역시 '슬도'라는 이름에 걸맞게 디자인한 것이다. 경관교량 입구에는 바닷가로 내려갈 수 있는 계단을 만들었다. 방문객들에게 바다를 더욱 가까이서 느끼게 하는 친수공간인 셈이다. 슬도에 낚시꾼들의 발길이 끊이지 않는 것은 비단 다양한 어종의 서식 때문만은 아닐 것이다. 낚시를 하기에 알맞은 시설과 곰보바위가 내는 아름다운 음악도 낚시꾼들에게는 상당한 매력이 아닐 수 없다.

동구청은 천혜의 아름다움과 전설을 간직한 슬도에서 슬도 예술제를 열기도 한다. 음악과 문학과 사진, 무용을 겸비한 문화행사다. 거기에다 보름달까지 떠준다면 슬도는 그야말로 신비의 섬이 된다. 돌맛조개들이 만든 자연의 소리에 사람이 만든 예술을 접목한 슬도가 지붕 없는 천연 예술섬으로 거듭나게 된 것이다.

예로부터 방어진 12경 가운데 하나로 꼽혔던 '슬도명파'를 최대한 떠올릴 수 있는 명소가 된 슬도. 그렇지만 슬도에 가면 인고의 교훈에 귀 기울여 보자. 오랜 세월 삶의 터전을 마련하기 위해 파도와 바람과 햇살과 고군분투했던 돌맛조개들의 인고의 시간들이 있는 곳. 급변하는 현대의 세파처럼 변덕이 심한 사람들에게 고운 가락을 통해서 한 길만을 파는 것도 보람이 있음을 전하는 곳인 만큼.

팔팔하게 살아 숨 쉬는 삶의 현장

방어진항

비릿한 갯내음이 싫지 않다. 어항들마다 싱싱한 활어들이 분주하다. 배가 들어올 때마다 사람들이 바빠진다. 바람에서도 활기가 느껴지는 곳. 변화가 빠른 곳이면서도 항구港口는 항구하다. 항구함은 방어진항의 새로운 변신으로 이어질 것이다. 방어진항은 먹거리와 볼거리, 즐길거리가 넘쳐나는 글로벌 건축문화거리로 거듭날 것이다. 이를 위하여 동구청은 현재 방어진항 내진길 일대에 사업을 추진 중에 있다.

방어진이라는 이름에서는 바다내음이 묻어난다. 비릿하고 찝찔한 냄새. 방어진 사람들에게 이 냄새는 그리움이며 위안이다. 대도시로 나가 살면서도 바람결에 묻어오는 갯내음을 맡을 때가 있다는 말은 방어진항을 들러보면 실감할 수 있다. 선사시대 유적으로 유구한 역사를 간직한 갯마을이 방어진이다.

한때는 잃어버린 북녘고도를 바라보며 군마들을 길들이던 곳, 또 한때는 일제의 등쌀에 군마의 말발굽소리는 여운조차 남길 수가 없었던

방어진항

곳이기도 하다. 지리적으로 일본이 멀지 않았던 방어진. 지금도 날이 맑으면 조망할 수 있는 거리에 대마도가 있다. 이런 지리적 조건으로 일제 강점기를 맞으면서 왜인들의 영향을 상당히 많이 받은 것도 부인할 수 없다.

조선 예종 1년(1469)에 만들어진 『경상도속찬지리지慶尙道續撰地理誌』에는 아래와 같은 기록이 있다.

"一. 牧場 郡東赤津里 魴魚津牧場 周廻四十七里 入放馬三百六十匹 水草美……."

방어진魴魚津이란 지명이 처음으로 등장하는 대목이다. 위의 기록을 보면 예종 1년(1469)에 이미 방어진에는 목장이 있었다. 그 둘레는 47리에 이르며 여기에 방목한 말의 수는 360필이며 수초 또한 양호한 것으로 기록되어 있다. 조선 성종成宗 2년(1471)에 신숙주가 지은 『해동제국기海東諸國記』에 삽입된 「염포지도」 속에도 '방어진 목장魴魚津 牧場'의 이름이 나온다. 염포산정에 성곽 위치까지 그려져 있음을 볼 수 있다.

방어진이 이렇듯 한가로우면서도 드넓은 목장지로 이름을 떨쳤던 흔적은 중점 곳곳에 남아 있는 음수지뿐이다. 군마를 기르던 국영목장지였으나 구한말부터 목장은 쇠퇴일로를 걷게 된 까닭이다.

이후 방어진항 인근의 반농 반어민들은 가난했다. 30여 가구가 종사하는 어업이라고 해야 기껏 미역이나 따는 것이 대부분이었고, 염분이 많은 땅이라 농사도 풍작이 되기는 어려운 조건이었다. '고래늘기' 이야기와 호구지책으로 왜인들과 동고동락한 사람들의 이야기가 전설처럼 떠도는 곳. 그것은 모두가 허리 펼 날 없이 바빠도, 주린 배를 채우기 힘든 사람들의 소망 같은 이야기였다.

가난한 노파가 있었다. 젊어서 남편을 여읜 데다 자식도 없었다. 종일 뙤약볕을 쬐며 바닷가를 누벼도 혼자 입에 풀칠조차 어려운 살림이었다. 곤궁한 살림이지만 질긴 목숨은 함부로 할 수 없었다. 부자로 살 생각은 애초에 없었지만 하루라도 배불리 먹어보는 것은 노파의 소원이었다.

어느 밤, 바람이 몹시 불었다. 바닷가에 얼기설기 지은 떼집(흙을 붙여서 뿌리째 떠낸 잔디로 벽을 쌓은 집)에 살던 노파는 조바심이 났다. 나지막하게 얹은 초가지붕이 날아갈까 봐 겁이 났다. 새끼줄로 단단히 묶어 양쪽 끝에 큰 돌을 달아매놓았지만 마음이 놓이지 않았다. 바람의 행패가 심상치 않아 전전긍긍할 뿐이었다.

밤이 깊어지자 바다는 숨겨두었던 야성을 드러냈다. 모래톱을 할퀴고, 자갈밭을 훑었다. 바다에 닿은 육지를 긁어내다가 철썩, 바위를 때리기도 했다. 노파는 한잠도 잘 수가 없었다.

바람이 잦아들길 고대하던 노파는 까무룩 잠이 들었다. 두려움에 떨다가 잠이 든 탓일까, 노파는 가위에라도 눌린 것처럼 혼자서 허우적거렸다. 시커먼 바위가 파도에 밀려와 노파의 집을 찍어 누른 듯 가슴이 답답했다. 숨을 쉴 수가 없었다.

"아악! 허억!"

단말마적 비명과 함께 목을 움켜쥐며 노파는 눈을 떴다. 온몸이 땀으로 흥건했다. 마치 바다에라도 빠졌다가 나온 사람 같았다.

하도 고요해서 푸르뎅뎅한 어둠은 더욱 무서웠다. 열어 주지 않으면 집이라도 허물듯이 방문을 흔들던 바람의 억센 손길은 옛 기억처럼 아득했다. 가쁜 숨을 몰아쉬며 눈으로만 어둠을 훑은 노파는 가만히 방문을 열었다. 새벽녘이었다. 밤새 바람에게 시달린 끝이어서일까. 지친 바다는 순해져 있었다.

노파는 마당으로 내려섰다. 울타리에는 미역 넌출을 비롯한 해초가락들이 누더기처럼 걸려있었다. 바람에 밀린 바닷물이 몇 번이나 울을 넘었던 모양이었다. 노파는 집 밖으로 나섰다. 갯벌은 더욱 난잡했다. 사냥꾼에게 쫓기던 멧돼지가 사냥꾼의 손길에서 놓여나 널브러진 것처럼 갯벌은 너덜너덜 상처투성이였다.

"엄마야! 저게 뭐꼬?"

자신의 가슴을 짓눌렀던 검은 물체가 생각난 노파는 가슴을 움켜쥐었다. 노파의 눈에 띈 것은 시커먼 물체였다. 바위 같기도 하고, 대갓집의 집채가 나동그라진 것도 같았다.

가슴이 쿵쾅거렸지만 궁금증을 참을 수가 없었다. 노파는 조금씩 밝아오는 새벽빛처럼 살금살금 검은 물체를 향해 다가섰다.

"이, 이건? 이…이기 우예된 조화고? 고, 고래 같은데?"

노파는 입을 다물 수가 없었다. 시커먼 물체는 고래였다. 밤새 폭풍우에 시달리다 죽은 채 바닷가로 떠밀려 나온 것 같았다.

아무도 본 사람이 없었다. 임자가 있을 리 없는 고래였다. 노파는 가슴이 더욱 쿵쾅거렸다. 종종걸음으로 집에 돌아온 노파는 사다리와 장대와 새끼다발을 찾아들고 다시 바닷가로 갔다.

노파는 고래를 묶기 시작했다. 높은 데는 사다리를 놓고 올라가서 새끼줄을 넘겼다. 아래는 모래라 새끼를 장대로 밀어 넣었다. 반대편으로 나온 새끼를 다시 위로 던져서 아래로 빼내기를 몇 차례 계속했다. 고래는 새끼줄로 친친 감겼다.

가까스로 고래에 새끼줄을 다 감았을 때 동이 트기 시작했다. 노파의 몸은 새로 난 땀으로 다시 젖은 채였다.

잠에서 깬 사람들이 하나둘씩 바닷가로 나왔다. 밤새 몰아친 폭풍의 흔적이 궁금했던 터였다. 사람들은 깜짝 놀랐다.

"할매. 이게 우예된 일인교?"

"이거 고래 아이가?"

사람들이 노파와 고래를 번갈아 살폈다.

"내가, 하악… 간밤에 이놈 잡느라고 한잠도 못 잤다 아이가? 하악학!"

고래의 몸에 새끼줄을 감느라고 지친 노파는 숨을 몰아쉬었다.

"차, 참말인교?"

"맞네. 할매 몸 좀 보소. 이기 땀인교, 물인교?"

노파의 말을 그대로 믿기에는 고래가 너무 컸다. 그렇다고 믿지 않을 수도 없는 것은 친친 감긴 새끼줄 때문이었다.

"아무도 손대지 마소. 내가 밤새 싸워서 잡은 고래대이~"

노파는 새끼줄을 잡은 채 눈알을 이리저리 굴렸다.

노파가 고래를 잡았다는 소문은 삽시간에 퍼졌다. 고래는 비싼 값에 팔렸다. 기술이 발달되지 않았던 터라 고래를 잡는 일은 여간 어려운 일이 아니었다.

고래를 판 돈으로 노파는 부자가 되었다. 사람들은 노파를 '고래늘기'라고 불렀다. '고래를 잡은 늙은이'가 줄어들면서 변한 말이었다. 그 이름은 자신들도 고래를 잡는 행운을 향한 염원이 담긴 이름이다.

방어진항이 형성된 것은 1906년부터 1910년 사이다. 동시에 방어진은 어업전진기지가 되었다. 방어진은 일본과 가까운 곳이다. 어업에 밝은 일본인들이 눈독을 들일 만한 지역이었다. 한일합방과 더불어 왜인들은 방어진으로 몰려들었다. 일본인들의 영향으로 어업이 활성화되면서 사람들이 몰려들기 시작했고 방어진은 자연스럽게 항구가 되었다.

일본인들의 주거지역도 자연스럽게 생겨났다. 여덟 칸짜리 집을 이어지은 왜옥들이 죽 늘어선 형태였다. 방어진 사람들은 일본인들의 가옥을 '하치나칸ハチナカン'이라 불렀다. 사람들은 왜옥에서 나오는 인분을 얻어다가 농사를 지었다. 일본인들은 처음에는 인분을 퍼가는 조선인들을 멸시하면서도 속으로는 기뻤다. 자신들이 수고를 하지 않아도 더러운 것을 치워 주는 것이 좋았던 것이다. 그것도 서로 가져가려고 경쟁까지 벌이는 꼴이 우습고 같잖았다.

약삭빠른 일본인들이 이런 점을 그냥 지나칠 리 없었다. 인분을 가져가는 조선인들을 눈여겨보기 시작했다. 인분을 밭의 거름으로 쓴다는 것을 눈치 챈 일본인들은 화장실을 잠그기 시작했다. 조선인들에게 경쟁을 붙이기로 한 것이다. 결국은 가을에 잡곡을 받는 조건으로 인분을 퍼가게 할 정도로 일본인들은 영악했다. 정화조 청소를 돈 주고 하는 현대를 감안하면 이 또한 전설 같은 일이 아닐 수 없다.

청루靑樓도 생겨났다. 현재 어판장으로 내려가는 골목길인데 일제 때의 유흥가다. 넓은 도로까지 만들었는데 한창 붐빌 때는 어장에서 번 돈을 물 쓰듯 하는 일본인들로 북새통을 이룰 정도였다. 방어진 사람들은 이 골목을 '청노골목창'이라고 불렀다.

방어진항에는 바람이 많았다. 바닷바람의 위력은 육지의 그것보다 훨씬 컸다.1900년 초기에 방어진에 진출한 일본인 선발대는 오카야마현岡山県 히나세의 어민들이었다. 그들은 상진언덕에 이주어촌을 이루고 살았다. 사람들은 이 마을을 세칭 '히나세 골목'이라 불렀다. 일본은 그들의 계획대로 1923년부터 동해안 최초로 방파제공사를 착공했다. 어업이 바다의 배려를 기대하기에는 위험 부담이 큰 까닭이었다.

1925년의 태풍은 진척 중인 방파제 사업 현장을 무차별 공격했다. 바닷가에 있던 대부분의 가옥이 침수되고 일본인들이 운영하던 어장의 배 80척이 파손되기도 했다. 유례없는 난동질로 마을까지 할퀴는 태풍을 방어진 사람들은 '왜바람'이라고 불렀다. 그 후 방파제의 필요성은 더욱 절실해졌고, 일본은 공사비 70여만 원을 투입하여 1928년에 준공을 보았다. 그 기념으로 방파제 사진이 실린 그림엽서의 발행 등 홍보를 위한 대대적인 행사도 열었다. '방파제축조기념비'도 세웠으나 해방 후 현방파제 보강공사 시작점에 유기遺棄되었다. 치욕의 역사를 잊지 말자는 뜻으로 구청에서 수습하여 현방파제 위에 안내판도 함께 세워놓은 것은 다행한 일이다.

일본인들은 방어진에 신사神社도 세웠다. 에비스恵比寿 신사로 와지蛙

子를 모셨다. 와자는 어민들에게 풍요를 안겨주는 신이라고 한다. 해방 후 사라진 신사 터에는 현재 새마을금고가 자리하고 있다.

방어진항의 형성은 다른 변화도 가져왔다. 오늘날 방어진초등학교는 특히 일본인들과 연관성이 크다. 1910년 일제는 일본인 자녀들의 교육을 위해 학교를 설립한다. 방어진심상소학교다. 실제로 방어진 어린이들은 이 학교에 다닐 수가 없었다. 일본인 자녀나 일제에 충성하는 소수의 조선인 자녀들만이 다닐 수 있는 자격이 주어졌기 때문이다. 해방이 되면서 1946년에 방어진국민학교로 개교를 했는데 학교의 역사를 두고는 논란이 끊이지 않고 있다. 2010년 방어진초등학교가 100주년 기념행사를 하면서 불거진 논란이다.

방어진은 일제 때 울산의 대표적인 항일부락이었다. 방어진양조장을 운영하면서 항일학교인 보성학교에 지원금을 냈던 이들을 자랑스럽게 여기는 이들이 아직도 살고 있는 곳이다. 그런 곳에서 일본인 학교였던 심상소학교의 역사까지 방어진초등학교의 역사로 편입시킨다는 것이 곱게 보일 리는 없었으리라.

현재 방어진에는 왜옥들이 있는 골목이 남아 있다. 아픈 역사의 편린이지만 굳이 철거할 필요는 없겠다. 오늘날 방어진의 활력이 된 방어진항이 일본인들의 손에 의해 형성되었다는 것은 상처가 아닐 수 없다. 그렇지만 상처는 스스로 아물려야 한다. 그것이 더 고운 꽃을 피울 수 있는 원동력이 되는 것이므로.

노을에 물든 바다

꽃바위 이야기

꽃바위는 옛날 방어진의 어귀에 불과했다. 그러던 것이 택지가 조성되면서 꽃바위는 방어진을 대표하는 이름처럼 되었다. 쑥밭-대굼멀이 끝나는 지점부터 번틈-화잠-삼섬으로 이어지는 해안마을이다.

방어진 서쪽 해안마을에는 돌출된 검회색 바위가 있었다. 거기에 이상할 정도로 하얀 꽃을 닮은 무늬가 박혀 있었다. '꽃바위'라는 이름은 이 바위 모양에서 자연스럽게 생겨났고, 사람들은 주변 마을을 '꽃방마을'이라 불렀다. 이런 유래가 아름답기는 하나 본래의 어원과는 엉뚱하게 멀어져 있음은 밝혀둘 필요가 있다.

'꽃바위'는 '곶바위串岩'라는 뜻이다. 뭍이나 산기슭이 물가나 벌판에 돌출하여 튀어 나온 곳을 '곶串'이라 부른다. 그런데 돌출부를 뜻하는 '곶'이 꽃花으로 변하게 됨은 '꽃'의 옛말도 '곶'과 발음이 같은 데서 호전하는 것이다. '꽃바위'의 '바위'도 마찬가지다. [山 · 川 · 浦 · 津 · 岑]과 같이 바위 역시 마을이름의 받침 격으로 붙었을 뿐 실제로 어느 바위

화암만조

를 지칭하는 것은 아니다. 그러므로 '곶마을串坊'의 뜻을 담고 있는 꽃바위라는 아름다운 말을 굳이 화암花岩이라 쓰는 것은 재고해 볼 일이다.

그럼에도 이 지역 사람들은 꽃바위가 바위에 꽃 모양의 무늬가 박혀 있어서 생긴 이름이라는 걸 더 믿는다. 염포항에서 무역선이 들어오면 꽃바위에서 꽃향기를 맡다가, 화잠에 와서는 꽃향기에 취해서 잠이 들 정도였다는 걸 곧이곧대로 믿는 이들이 많다. 이런 이야기가 아니더라도 이름만 들으면 더없이 아름다운 갯마을이 연상되는 꽃바위.

꽃의 모양 때문인지 꽃의 향기 때문인지는 모르나 꽃바위는 예로부터 사람이 몰려드는 지역이었다. 조선시대에는 목장으로 알려진 한촌이었지만 말을 먹이는 사람들이 모여 살았고, 일제 강점기 때는 어업에 종사하는 사람들이 몰려들었다. 일본인 선주 아래서 선장을 하기도 하고, 선원으로 일을 하기도 했다.

옥수수, 고구마, 감자를 주로 심었을 뿐인 척박한 농토에 농작물을 가꾸기보다 어업에 종사하면 살림이 한결 포실했다. 바다에만 나가면 일부러 심고 가꾸지 않았어도 먹을거리들이 넘쳐났다. 오죽하면 '가난한 친정에 가느니 바다에 간다'는 말이 나돌았을까?

꽃바위는 예로부터 방어진 12경 중 제1경인 '화암만조花岩晩潮'의 경승지이기도 하다. 실제로 저녁 해가 질 무렵 바닷물이 만조를 이루면 그 아름다움은 눈부셨다. 출렁이는 물결에 드러났다 숨었다를 반복하는 꽃무늬는 더할 나위 없는 절경이었다. 저녁 무렵 썰물이 드러낸 바위의 형상들도 다양한 아름다움이었다. 바닷물이 빠져나가면서 품속에 감췄던 천태만상의 바위들이 드러나면 만물상을 보는 듯했다. 이러한 광경이 시인 묵객들에게 화암만조라는 말을 만들어내게 한 것이다. 다만 항만축조로 바다를 매립하면서 옛 모습을 찾아볼 수 없는 것은 여간 아쉬운 일이 아니다.

재앙으로부터 마을을 지키다

골매기 제당

꽃바위에는 장수나무와 골매기 제당이 있었다. 이 마을의 골매기 신은 골매기 할매로 불렸다. 동끝짝의 골매기 신인 골매기 할배와는 부부였다.

제당에서는 일 년에 한 번 동제洞祭를 지냈다. 제사를 지내는 날은 정월 대보름날이다. 제주는 해마다 마을회의에서 뽑았다. 제주의 조건은 까다로웠다. 한 해 동안 집안에서 죽은 사람이 없어야 하며, 6개월 안에 돌림병을 앓은 적이 없어야 하고 삼칠일 안에 아기를 낳지 않은 부부가 자격 조건이었다.

이렇게 선별된 부부는 두 달 전부터 모든 행동에 조심을 해야 한다. 궂은일을 하지 않는 것은 물론 사람들과 이야기를 할 때도 천으로 입을 가려야 했다. 방어진이 개발되어 대기업이 들어서기 전까지는 동짓달부터 얼굴을 가린 채 다니는 남녀를 드물게 볼 수 있었는데 그들이 제주였다. 제물은 제주가 직접 구해야 하는데 물건을 살 때 깎아서도 안 되었다.

이런 정성으로 마련된 제물을 차려두고 부부는 정월 대보름 밤 자정이 되면 제사를 지냈다. 제사를 지낼 때는 아무도 들이지 않았다. 두 사람만 제당에 들어가서 정해진 순서대로 제사를 지냈다. 이때 제주의 마음은 온통 제사에만 쏠려야 했다. 제주의 정성여하에 따라 마을의 안녕은 물론 제주 자신들의 안녕까지 보장되기 때문이다.

동제를 지낸 뒤면 사람들의 마음은 편안해진다. 살림도 어딘지 풍요로워졌다고 한다. 큰 병도 없었고 횡액을 당하는 이들도 줄었다. 무엇보다도 고기들이 많이 잡혔다. 살기가 차츰 나아진 마을사람들은 제당의 규모를 조금씩 확장했다.

동제의 규모가 커짐에 따라 그 이름도 골매기 굿으로 불리기 시작했다. 사람들은 누구 할 것 없이 좋은 것이 생기면 골매기 제당으로 달려갔다. 큰 고기를 잡으면 제당에 매달아서 제사를 지낸 뒤에 처리를 했다. 농작물의 맏물을 바치는 것도 잊지 않았다. 덕분에 마을은 큰 어려움이 없이 먹을 것도 넉넉했다. 꽃바위에 자리한 두 지역의 할매와 할배신은 원래 부부였다.

오랜 옛날 이 마을에 금슬 좋은 부부가 살았다. 부부의 금슬은 이웃마을에까지 소문이 자자했다. 가난했지만 서로를 위하는 모습은 보는 이들에게 모범이 되기에 충분했다. 부부는 부지런하고 성실했다.

농사일이 있을 때는 농부가 되었고, 바다일이 있을 때는 어부가 되어 일했다. 둘이서 받는 품삯으로 둘의 생활은 넉넉했다. 일을 도우러 가면 거기서 두 끼를 해결하니 양식도 들지 않았다. 얼마 지나지 않아 살림도 꽤 포실해졌다.

자신들의 땅뙈기 한 평 없는 것은 여전했지만 부족함이 없는 나날이었다. 그럼에도 부부는 일을 쉬지 않았다. 어떤 일에도 얼굴을 찡그리는 일이 없어 남의 궂은일까지 도맡을 정도였다. 허드렛일도 마다하지 않았지만 누구도 부부를 함부로 대하지 않았다.

부부에게는 한 가지 걱정이 있었다. 서로를 아끼고 위하는 마음에도 불구하고 부부에게 아이가 없다는 것이다. 혼인한 지 스무 해가 지났지만 집안에서 아기의 흔적이라곤 찾아볼 수가 없었다.

"사람이 세상에 왔다 간 흔적은 있어야 하는데……."

"하긴, 재산이 아무리 많은들 무슨 소용이겠어요?"

하루 일을 끝내고 돌아오는 길이었다. 마흔 줄에 접어든 남편의 혼잣말에 아내도 무심히 대꾸했다.

서로에게 미안해서 한 번도 입 밖으로 내지 않은 말이었다. 마음은 하나였음을 알게 된 부부는 다음날부터 치성을 드리기로 했다.

"동사작과 서사작에서 동끝짝과 서끝짝까지 가는 길목에 삼돛대처럼 생긴 바위가 있대요. 바위 세 개가 하나처럼 붙은 모양인데 신성한 바위라니 거기서 치성을 드려 봅시다."

부부는 동이 트기 전에 삼돛대 바위로 갔다. 누구의 소원도 닿기 전에 먼저 자신들의 소원을 빌기 위해서였다.

부부는 삼돛대 바위를 부모처럼 섬겼다. 아무리 부모의 마음이라고 해도 정한 시간에 정성을 다하는 자식은 특히 눈여겨 볼 것 같았다. 여러 자식이 한꺼번에 여러 가지를 달라고 보채면 어떤 자식의 바람부터 들어주어야 할지 혼란스러울 것이다. 그런 생각을 하니 남보다 먼저 치성을 드리는 것은 당연한 일이었다.

그러던 어느 날 아내는 꿈을 꾸었다.

희붐한 새벽이었다. 아내는 혼자서 길을 나섰다.

"어딜 가려고?"

남편이 아내를 잡았다. 큰 바람이 올 징후에 전날도 일을 하지 않은 터였다.

"미역 좀 따려고요."

아내가 소쿠리를 챙기며 방문을 살짝 닫았다.

어쩐 일인지 남편은 더 이상 말리지 않았다. 말린다고 들을 것도 아니긴 했다. 이런 저런 걱정으로 잠이 오지 않았던 터였다.

새벽길은 어둑했다. 더구나 해무海霧까지 잔뜩 낀 채여서 앞이 잘 보이지 않았지만 아내는 동구를 벗어났다. 바다가 가까울수록 앞은 더 흐렸다. 늘 가던 길인데도 낯설었다. 아내는 겁이 났다.

'어쩐 일이지? 이상해.'

등줄기로 식은땀이 흘렀다. 섬뜩한 기운이 느껴졌다. 누군가가 뒤를 밟는 것 같았지만 뒤를 돌아볼 엄두조차 낼 수가 없었다. 발자국이 떨어지지 않아 아내는 그 자리에 붙박인 듯 서 있었다.

"꼬끼오~~~~"

때마침 닭이 울었다. 아내는 얼른 뒤를 돌아보았다.

닭의 울음소리에 해무도 놀랐는지 눈앞이 조금씩 밝아지고 있었다. 사라지는 해무 사이로 물에서 용 비늘이 잔뜩 붙은 옷을 입은 사람이 나타났다. 얼굴을 보니 푸른 수염을 단 데다 옆에는 칼을 찬 것을 보니 장수였다.

"에잇! 닭이 울기 전에 일을 해야 끝냈어야 하는데 너 때문에 다 글렀다. 마을 가난을 구제할 길은 이 돌을 키우는 수밖에 없는데……. 에라이~ 너나 가져라."

장수는 손에 쥔 돌멩이 한 주먹을 아내의 머리를 향해 던졌다.

"헉!"

맞을까봐 몸을 피하면서 아내는 엉겁결에 손으로 그 돌멩이들을 받았다.

손바닥이 얼얼했다. 얼굴을 찡그리며 쓰러진 아내의 손에는 다닥다닥 붙은 돌멩이 세 개가 쥐어져 있었다. 돌의 크기는 비슷했다. 언뜻 보니 삼돛대 바위와 닮은 돌이었다. 우툴두툴한 것이 아무짝에도 쓸모없게 보였지만 신기했다.

하마터면 그 돌에 맞아서 죽었을지도 모르는 일이었다. 도대체 자신이 무슨 잘못을 했다고 돌멩이를 던졌는지 이유를 알 수가 없었다. 아내는 돌을 푸른 수염의 장수에게 도로 던지려고 했지만 그는 이미 사라진 뒤였다. 그런 데다 돌은 손바닥에 딱 붙어서 떨어지지 않았다. 손에서 뭉근한 아픔이 느껴졌다. 겁이 났다.

"으아악! 이게 뭐야? 저리가!"

손을 마구 뿌리치며 소리를 질렀지만 돌은 살을 파고드는 중이었다.

"무, 무슨 일이오? 악몽이라도 꾸었소?"

남편이 아내를 흔들어 깨웠다.

화들짝 놀라서 깬 아내의 온 몸이 땀에 젖은 채였다. 아내는 저도 모르게 손바닥을 살폈다. 땀범벅이었지만 손바닥은 말짱했다. 꿈이라기에는 너무 또렷한 것이 꺼림칙했다. 깨고 난 뒤에도 통증이 느껴지는 손바닥. 어디에도 돌멩이가 파고 든 흔적은 없었지만 얼얼함은 남아 있는 참 이상한 꿈이었다.

아내는 남편에게 꿈 이야기를 하지 않았다. 다음날 배를 타고 새벽바다를 나갈 남편에게 무거운 마음을 갖게 할 수는 없었다. 두 사람은 남에게 몹쓸 짓 한 번 한 적이 없었다. 그럼에도 꿈에서 본 푸른 수염의 장수는 자신들 때문에 누군가가 피해를 보고 있다며 벌을 주려는 듯했다. 그저 막연한 불안감에 마음만 무거웠다.

다행히 별 일 없는 하루가 지나갔다. 그런데도 그 꿈은 계속 아내의 마음에 똬리를 틀고 있었다. 불안했다.

그해에 해풍으로 마을이 쑥대밭이 되었다. 굶주리는 사람들이 생겨났다. 마을 안쪽에 작은 집을 짓고 사는 부부에게만 아무런 피해가 없었다.

"물려줄 자식이 있는 것도 아닌데 재물이 무슨 소용이겠어요?"

아내는 자신들의 재산을 털어 마을을 살리자고 했다.

남편도 흔쾌히 응했다. 가난한 사람들을 도와주었다. 병이 들어 일을 할 수 없는 집에 가서는 집안일을 해주고, 의탁할 데 없는 노인들은 부모처럼 모셨다. 원체 금슬이 좋은 부부여서 뜻이 잘 맞았다.

재산은 금방 동이 났다. 모을 때는 십 수 년이 걸렸지만 쓰려고 드니 재물은 금방 사라졌다. 부부가 겨우 몸이나 누일 누옥만 남았을 때 아내의 몸에 태기가 생겼다. 재물이 자식이 들어앉을 자리를 빼앗기라도 한 듯했다. 남편은 어려운 사람들을 위해 재물을 풀던 아내가 고맙기만 했다.

'그때 그 꿈이 태몽이었나?'

아내는 남편에게 조심스럽게 꿈 이야기를 했다.

"태몽이 틀림없소. 아들 셋을 점지하시겠다는 신의 뜻이구만. 그나저나 우리 나이가 얼만데 과연 셋이나 낳을 수 있을지 모르겠소. 어쨌거나 하나는 해결됐으니 부지런히 둘을 더 낳아봅시다."

남편이 껄껄 웃었다.

아무리 털어내려 해도 떨어지지 않던 세 개의 돌멩이. 그 강한 힘을 생각할 때 태몽이라면 아들일 것이 틀림없었다. 그것도 셋이나 낳을 거라는 기대에 부부는 뛸 듯이 기뻤다.

남편은 아기의 이름부터 지었다. 아들이든 딸이든 도道라고 부르기로 했다. 남에게는 길이 되고, 스스로도 길을 여는 아기이길 바라는 마음이었다. 살아서는 누군가가 따를 길이 되고 죽어서는 누군가를 살릴 길이 되라는 뜻이었다.

그처럼 부푼 기대도 잠시였다. 그날 고깃배를 타고 나간 남편은 돌아오지 않았다. 아침에만 해도 맑고 잠잠하던 하늘이었다. 오후가 되면서 꾸물거리기 시작했지만 아내는 별 걱정을 하지 않았다. 단 한 번도 일욕심 때문에 하늘의 기운을 거역한 적이 없는 남편이었다.

그런데 그날은 달랐다. 사람들이 돌아가자고 했지만 남편은 고집을 부렸다. 곧 태어날 아기를 위해서 더 많은 고기를 잡아야 한다는 생각 때문이다.

그것이 화근이었다. 다른 배들이 돌아가고 난 뒤 남편이 탄 배는 그대로 바다에 빠지고 말았다.

얼마 뒤 남편의 시신이 떠밀려 내려온 곳은 동끝짝이었다. 아내는 기가 막혔다. 아이 셋을 낳자더니 하나도 낳기 전에 저 세상으로 가버린 남편의 시신을 보고 있으려니 암담했다. 사람들이 위로를 하며 남편을 고이 묻어주었다.

아내의 배는 하루가 다르게 불러왔다. 작은 체구에 어울리지 않게 부른 배가 보는 이를 더욱 슬프게 했다. 슬픔을 잊고자 죽어라고 일을 하는데도 배는 금방이라도 터질듯이 부풀어 올랐다.

달이 차자 아내는 세쌍둥이를 낳았다.

"유별나게 배가 부르더라니……."

"하나 먹이기도 어려운데 셋을 어찌할꼬?"

미역국을 끓여 온 이웃아낙들이 걱정을 했다.

"아들 셋을 낳자더니……."

남편의 말을 떠올린 아내의 양 볼에는 굵은 눈물줄기가 흘러내렸다.

세쌍둥이를 낳았다는 소문은 삽시간에 퍼졌다. 그 동안 부부의 덕으로 먹고 산 사람들이 저마다 먹을거리들을 모았다. 아기들은 온 마을이 키우는 것이나 마찬가지였다. 아내는 마을 사람들이 여간 고맙지가 않았다. 그럴수록 남편이 더욱 그리웠다.

"어떻게든 은혜를 갚을게요."

아내는 눈물겨운 감사를 전하며 아기들의 이름을 지었다. 외도外道와 내도內道, 해도海道였다. 아기들은 잘 자랐다.

그렇지만 무슨 운명의 장난인지 아내마저 병이 들었다. 아기들이 첫 걸음도 떼기 전이었다. 마을사람들이 넉넉하게 도와주었지만 세 아기를 혼자서 키우기에는 버거웠던 것이다. 산후 조리도 제대로 하지 못한 아내는 유언 같은 말을 중얼거렸다.

"마을의 모든 액은 제가 다 가지고 갈게요. 이 아이들을 나라를 지키는 훌륭한 장수로 키우고 싶었는데……."

말도 끝맺지 못한 채 아내는 죽고 말았다. 아기를 낳은 지 열 달 만이었다.

마을사람들은 당황했다. 남편은 없었지만 성실한 아내를 믿었던 터였다. 곧 자리를 털고 일어나면 유복자인 세 아들과 보란 듯이 잘 살기를 진심으로 바랐던 사람들이었다. 이들 부부의 도움을 한두 번씩은 받았던 마을사람들은 아내마저 죽자 회의를 하기에 이르렀다.

"두 사람의 제사를 잘 지내 줍시다."

"아이들을 돌보는 일이 먼저입니다."

"맞아요. 그 내외가 제일 바라는 일이 아이들이 잘 자라는 일일 겁니다."

"마을을 위해서 궂은 일, 좋은 일 마다하지 않은 사람들인데 제사를 안 지낸다는 건……."

의견은 분분했다. 쉽게 결론이 나지 않은 채 아내를 꽃바위 입구에 묻었다.

이듬해 아내의 무덤에서는 나무가 자라났다. 동시에 동끝짝에 있는 남편의 무덤에서도 나무가 자라기 시작했다. 사람들은 두 내외가 죽어서도 마을의 안녕과 세 아들의 장래를 지키려고 나무로 환생했다고 믿었다. 아내가 죽기 전에는 없던 나무가 남편의 무덤에서 자라난 것도 부부의 금슬 때문이라고 했다. 마을사람들은 상서로운 나무로 여겨 두 나무를 장수나무라고 불렀다.

"올해부터는 마을에서 장수나무에 제사를 지냅시다."

두 마을에서는 두 나무에 각각 동제를 지내기로 했다. 그 제사가 후일 골매기 굿으로 변했고, 그 덕분에 마을은 평온한 가운데 늘 먹을거리가 풍부했다.

* * *

쌍둥이 삼형제의 부모가 치성을 드리던 삼돛대 바위는 4~5미터 높이였다. 지금은 현대중공업에 편입되었다. 바다를 매립하면서 삼돛대 바위도 몸체는 거의 파묻혔다. 끝만 동그랗게 남은 상태다.

마을사람들이 제사를 지내던 골매기 제당도 현대중공업이 들어서면서 마을과 함께 사라졌다. 제당을 없애는 것을 아쉬워하는 마을사람들을 위해서 현대중공업에서는 제사를 크게 지냈다고 한다. 골매기 신으로 모시던 골매기 할배와 골매기 할매의 천도를 위한 큰 굿이었다.

"큰 종이배를 만들었어요. 흰 무명천을 온 필로 깔아서 뱃길을 만들었지요. 그렇게 해서 무당이 귀신처럼 마을의 일을 헤아리는 데 참 대단합디다."

꽃바위 마을에서 태어나 지금까지 이곳에서 살고 있는 이정규씨는 당시의 천도굿을 보았던 기억이 아직도 생생하다고 했다.

골매기 굿은 단순한 주술행위가 아니었다. 마을의 힘을 모으는 경건하고도 거룩한 의식이었다. 각자가 제 할 일을 하면서 살다가도 굿을 하는 날이면 한 마음으로 모여들었던 신성한 행사였다.

현대인들은 한 마음으로 모일 수 있는 일이 거의 없다. 반상회조차 유야무야 사라지는 추세다. 마을 전체에서 일어나는 일을 함께 염려하고 의논하는 일에 서툰 사람들. 이웃의 일에 관심을 갖는 것조차 간섭으로 여겨 성가셔하는 경우가 대부분이다.

지극히 개인적인 생활에 익숙한 것은 물론, 나이가 젊을수록 사람과의 교류조차 인터넷이나 스마트폰으로 하는 것을 선호하는 현대인들이 늘고 있다. 모래알처럼 살아가는 사람들을 찰흙처럼 묶을 힘은 없는 것일까?

현대는 문화를 팔고 사는 시대다. 찾아보면 아름다운 문화유산으로 승화시킬 수 있는 무형의 유산들이 많다. 골매기 굿도 그 중 하나다. 최첨단 시대에 어쩌면 원시적으로 보일 수도 있는 굿이 생뚱맞을 수는 있다. 그러나 볼거리를 통해서 사람의 마음을 모으는 데는 효과적일 것이다. 도심에서야 굳이 풍어나 풍년을 기원할 구실은 없으리라. 다만 주민들의 안녕을 기원하며 성대한 굿판을 벌인 뒤에 음식을 나누다 보면 자연스럽게 친목도 다져질 것이다.

이런 효과만으로도 골매기 굿은 고리타분한 미신행위로 치부되지는 않아도 된다. 곳곳에 자리를 잡았던 골매기 신들이 지금은 어디를 떠돌고 있을까? 그들을 불러들이는 골매기 굿의 전파로 흩어진 민심을 모을 수도 있다면 문화적으로 높은 가치를 부여할 만한 훌륭한 유산이 아닐 수 없겠다.

가난으로부터 마을을 구한 세쌍둥이

삼섬

꽃바위로 찾아드는 길목에 삼섬마을이 있다. 삼섬이 있는 마을이라 하여 붙은 지명이다. 삼섬은 이름 그대로 세 개의 바위섬이다.

삼섬은 미역돌이다. 지금은 찾는 이도 거의 없어 이름만 남아있는 돌섬이지만 예전에는 꽃바위 일대에서 가장 이름난 미역돌이었다. 그만큼 푸들푸들하고 싱싱한 미역을 길러내는 미역돌이었음은 두 말할 나위가 없다. 삼섬이 미역돌이라곤 해도 일부러 포자를 심거나 하는 돌이 아니다. 식물들은 자신이 자라기에 최적의 조건인 곳을 스스로 잘 안다. 미역도 마찬가지다. 자라기에 이상적인 돌에 자신의 포자를 낳는 것이 미역의 특징이다.

삼섬은 미역이 자라기에 아주 좋은 조건이다. 이 지역은 한류寒流와 난류暖流가 교차하는 곳이다. 이 덕분에 고기들도 잘 잡히는 해역이다. 지형상으로 바다가 해안의 기슭으로 깊이 들어앉은 반월형이다. 수심이 그다지 깊지도 않다. 대체로 얕아서 물이 쉽게 쓸려나가는 곳도 아니다. 자연적으로 생겨난 미역포자들이 바닷물의 공격을 견디면서 바위를 잡으려는 안간힘으로 자라나 돌미역이 되는데 삼섬에서 자라난 미역은 그만큼 상품으로 인정을 받았다는 뜻이다. 즉 방어진 해역의 미역이 상품으로 인정받는 것은 이러한 지형과 물길 덕분이다.

방어진에 처음 왔던 일본인들이 삼섬의 미역을 보고 놀랐다는 것은 지금도 꽃바위 일대에 떠돌고 있는 공공연한 이야기다. 맑고 푸른 바닷물 속에서 싱싱하게 잘 자라 너울거리는 미역의 넌출은 6~7미터는 예사였다. 맑은 물에서 너울거리는 미역의 길이에도 놀랐겠지만 그토록 긴 미역넌출의 윤기에 더욱 놀랐다고 한다. 약탈을 목적으로 들른 것이니만큼 미역넌출조차도 조선인의 푸른 기상으로 보았음에 틀림없다.

역사 이래 섬나라인 일본인들이 이런 방어진에 대거 이주한 것은 그다지 이상할 일이 아니다. 그 곳에 뿌리내리고 살면서도 그저 소박한 일상에 안주했던 주민들이 일본인들이 개척한 어장에서 일자리를 얻어 연명한 것은 원통한 일이기도 하다.

그렇지만 미역바위만큼은 지켜낸 것이 이 마을 주민들이다. 미역바위의 중요성은 그만큼 대단했던 것이다. 인근에 산재해 있던 미역바위는 슬도, 볕바우, 지리이, 복지불, 꽃바우 등의 주변에 있었다. 그 중에서 삼섬은 최상의 미역바위로 인정을 받았다.

미역바위는 마을에서 공동으로 관리를 했다. 돌의 규모와 미역의 질에 따라 관리인의 수도 달랐다. 단독으로 관리를 하는 돌도 있었지만 둘 또는 세 가구가 공동으로 관리를 하는 돌도 있었다. 미역바위의 관리는 그만큼 철저해야 하는 것이 최상의 생계수단이었기 때문이다.

관리인이 정해지면 먼저 미역돌을 깨끗이 청소한다. 따개비와 해초가 서식하지 못하도록 돌을 닦아내는 것이다. 바닷물 속에서 흘러 다니던

삼섬

미역의 포자가 돌에 잘 들러붙게 하기 위한 작업이다. 따개비나 해초가 많은 돌에 붙은 미역은 잘 자라지도 못할뿐더러 미역넌출에 붙은 기생물이 많아서 상품이 되지 못한다. 미역돌 청소 작업은 일 년 중 가장 춥다는 동짓달에 해야 한다. 미역의 수확기가 2월 하순에서 3월 하순까지인 만큼 청소시기를 놓쳐서는 안 된다.

* * *

장수나무에 제사를 지내는 제주는 다음 해 제주가 정해질 때까지 쌍둥이 삼형제를 돌보았다. 덕분에 삼형제는 무럭무럭 자랐다.

촌음을 건너뛰며 태어났지만 삼형제의 서열은 엄격했다. 그만큼 우애가 대단했다. 칭찬하지 않는 사람이 없을 정도였다. 천애고아에 누군가의 도움이 없으면 당장 끼니조차 해결하기 힘들었지만 한 번도 다투는 일이 없었다. 작은 일도 서로 돕는 모습은 마을 사람들의 귀감이 되기에 충분했다.

"골매기 할배와 할매가 지켜보고 있다는 걸 아는 모양이야."

삼형제의 신통한 우애가 부모의 보살핌이라고 믿는 사람들이었다. 쉰 살도 되지 않아 죽었지만 삼형제의 부모는 어느 덧 신이 되어 할배와 할매로 불리고 있었다.

삼형제는 하나 같이 풍채가 당당했다. 장수나무의 아들들인 만큼 삼형제가 모두 훌륭한 장수가 될 거라고 사람들은 믿었다. 골매기 할매의 마지막 말이 강한 힘으로 남아 삼형제를 키우는 듯했다. 삼형제는 과연 늠름한 청년으로 자라났다.

이 마을에 어느 날 나이든 아버지가 댕기를 곱게 드리운 딸을 데리고 이사를 왔다. 굶주림에 지쳐 갯가에서 물고기라도 잡아서 연명을 하러 온 것이었다. 딸의 이름은 연두였다. 연두는 다소곳한 처녀였다. 예의가 바른 데다 아리따운 모습의 연두는 마을 청년들의 마음을 단숨에 사로잡았다.

자신을 보면서 설레는 청년들의 마음을 알 길 없는 연두는 날마다 갯가로 나갔다. 연두는 물길에 밀려온 미역, 우뭇가사리, 곤피(곤포의 경상도 방언) 따위를 거두어들였다. 바위에 붙은 따개비를 따는 일도 연두의 몫이었다.

어느 밤이었다. 그믐이 멀지 않은 날이어서 캄캄했다. 별이 총총했지만 앞을 분간하기 힘든 어둠속에 찰방찰방 물소리만 들렸다. 연두가 물길에 쓸려 온 해초를 거두어내는 소리였다.

이런 연두의 모습을 숨어서 훔쳐보는 사람이 있었다. 마을 선주의 아들 흠이었다. 첫눈에 반한 연두를 홀로 좋아했다. 부모는 연두를 가까이 하는 것조차 허락하지 않았다. 가세가 너무 다른 데다 외지에서 들어온 터라 근본을 알 수 없다는 것이 이유였다. 흠은 아버지가 선주인 것이 화가 났다. 근본을 따지는 어머니가 싫었다. 그럴수록 연두에게 쏠리는 마음은 더 커졌다.

어둠속에서 보아도 달 속의 항아가 하강을 한 듯 자태가 고운 연두였다. 연두는 다소곳한 표정으로 해초에겐지 물고기에겐지 말을 붙이고 있었다. 나긋나긋 던지는 말투가 흡사 자신을 부르는 소리처럼 느껴졌다. 아무리 보아도 다른 사람에게 보내기는 아까운 모습이었다. 보얗게 빛나는 얼굴빛은 마치 어둠까지 밝힐 듯했다.

"이보시오, 낭자!"

참을 수 없는 연정에 흠은 그대로 연두의 허리를 안았다.

"누, 누구세요? 왜, 왜 이러세요? 놔주세요!"

"해, 해코지 하려는 게 아니니 염려 마시오."

"그렇다면 더더욱 이러시면, 아악!"

더욱 꽉 죄는 흠의 손길에 놀란 연두가 소리를 지르며 몸부림을 쳤다. 그 바람에 흠의 손길에서 빠져나와 자갈밭에 나뒹굴고 말았다.

흠이 연두를 일으키려고 할 때였다. 혼자서 무술을 연마하고 돌아오던 외도의 눈에 흠과 실랑이를 하는 연두의 모습이 띄었다. 휘릭, 몸을 날린 외도가 흠의 손을 홱 낚아챘다.

"왜 이러느냐?"

"싫다지 않습니까? 낭자는 어서 집으로 돌아가시오. 어쩌자고 밤중에……."

"네가 내 연심을 아느냐? 이거 놔라!"

연두를 나무라는 외도의 말을 흠이 잘랐다.

"저는 아무것도 보지 않았습니다. 오늘 이 자리에 있지도 않았으니 도련님도 이 일은 잊으십시오."

연두가 돌아갔을 때 쯤 외도는 흠을 놓아주었다.

집으로 돌아온 연두는 가슴이 마구 두방망이질 쳤다. 이름도 알 길 없는 두 남자 때문에 놀란 것이다. 흠의 손길을 떠올리자니 진저리가 쳐졌다. 그러면서도 외도를 생각하니 가슴이 뛰었다. 어둠속이었지만 듬직한 모습에 마음이 끌렸다.

다음날 아침 연두는 형과 동생이 일을 하는 사이 무술연습을 하러 가던 내도와 마주쳤다. 얼굴이 화끈거렸다. 가슴에서도 불길이 확확 솟구쳤다. 흘끔거리듯 내도를 살폈다. 연두의 눈길을 느낀 내도 역시 가슴이 뛰기는 마찬가지였다. 내도는 얼른 그 자리를 벗어났다.

아버지의 점심상을 차려 주고 나오는 길에는 해도를 만났다. 번갈아가며 무술 연습을 하는 터라 이번에는 해도의 연습차례였다. 깜짝 반가웠다. 고마웠노라는 말은 입안에서만 맴을 돌 뿐이었다. 자신을 이윽히 보며 입술만 깨무는 연두에게 마음을 빼앗긴 해도는 시간을 지체할 수 없었다. 연두에게 기우는 마음을 누른 채 훈련장을 향해 돌아섰다.

그날 저녁에는 훈련을 마치고 돌아오는 외도와 마주쳤다.

"어, 어제는 고마웠습니다."

연두가 살포시 고개를 숙였다.

외도 역시 가슴이 설레기는 마찬가지였다. 아름답다는 소문은 들었지만 가까이서 본 연두는 참으로 사랑스러운 처녀였다. 그렇지만 숫기가 없는 외도 역시 그냥 돌아서고 말았다.

다음날 연두는 전날 아침 내도를 만났던 길목에서 기다렸다. 내도가 나타나자 밤새 만든 버선을 내밀고 사라졌다. 훈련 때 신으라는 자신의 마음을 담았지만 어떻게 받아들일지 연두는 내내 궁금했다. 그런데 희한하게도 점심상을 보러 들어오다가 만난 해도가 불쑥 큰 물고기 한 마리를 내밀었다. 마음이 통했음을 안 연두는 사양 않고 받았다.

외도가 세쌍둥이라는 걸 알 길 없는 연두는 필경 인연이라고 생각했다. 서로의 마음이 통했다는 사실이 무엇보다도 기뻤다. 아무리 한 마을에 산다지만 하루에 세 번씩 마주치기는 쉬운 일이 아니었다.

연두는 삼형제와 점점 가까워졌다. 삼형제는 연두 이야기를 아무에게도 꺼내지 않았다. 다른 형제들에게 미안해서였다. 모두들 훈련에 열심인데 낯선 처녀에게 연심을 품는 것이 민망하기도 했다.

삼형제가 모두 연두를 좋아하고 있음을 눈치 챈 것은 흠이었다. 흠은 슬그머니 소문을 흘렸다. 소문은 삽시간에 꽃바위 전체에 퍼졌다. 한 형제끼리 한 여인을 사랑하는 것은 천륜을 저버린 파렴치한 짓이라는 것이었다. 그와 더불어 연두에게는 여우가 둔갑을 했다는 소문까지 따랐다.

비로소 자신들이 한 처녀를 사랑한 것을 알게 된 삼형제는 마음을 굳혔다. 우애를 저버리느니 연두를 잊기로 했다. 그것이 마을의 수호신으로 숭앙받는 부모에게 부끄럽지 않은 길이라는 걸 깨달은 것이다.

때마침 나라에 전쟁이 터졌다. 삼형제는 결의를 다졌다. 각자 연두에게 받은 버선들을 돌려준 뒤 전쟁터로 나섰다.

"마음만은 부모님이 지키는 고향, 맑은 물결이 넘실거리는 고향에 두고 떠나자."

삼형제는 골매기 할배와 할매가 된 부모의 제당에 출정을 고했다.

홀로 눈물만 삼킨 연두는 삼형제가 모두 무사하기만을 빌었다. 자신 때문에 애꿎은 청년들을 오랑캐의 화살받이로 보냈다는 생각에 괴로웠다.

두 해 뒤 전쟁이 끝났다는 소식만 바람결에 들렸다. 그 동안 연두는 점점 야위었다. 마을 사람들의 눈총에 괴로웠지만 마을을 떠날 수가 없었다. 삼형제가 무사하다는 소식만 들을 수 있다면 당장 떠날 것 같았지만 삼형제의 생사는 아무도 알 수 없었다.

그런 어느 날이었다.

잠잠하던 바다가 갑자기 소용돌이쳤다. 물가에서 그 광경을 보던 연두는 겁이 났다. 금세라도 연두를 물속으로 빨아들일 듯하던 소용돌이 속에서 물길이 높이 솟구쳤다. 물길은 철퍼덕 소리를 내며 다시 소용돌이 속으로 잠기는 듯하더니 다시 솟구쳤다. 그런 일이 몇 번 되풀이 되었다.

놀란 가슴을 어쩌지 못한 연두는 한발 뒤로 물러섰다. 솟구쳤던 물길이 멈추었다. 꼿꼿이 섰던 물길이 한 번 꿈틀하자 청룡이 되었다.

"너는 평생 이 돌을 잘 보살피거라."

청룡이 바위 세 개를 토했다.

제법 큰 돌이었다. 청룡은 놀란 연두 앞에서 보란 듯이 바위를 물속으로 옮겼다. 바위를 겨우 다 옮긴 뒤 이리저리 자리를 잡아 놓았을 때 닭이 울었다. 청룡은 그대로 물속으로 사라졌다.

멍하니 서 있던 연두가 정신을 차린 것은 바다가 잠잠해진 뒤였다. 그제야 바다에 놓인 바위를 보았다. 우툴두툴한 바위였을 뿐이지만 낯설지 않았다. 연두는 틈만 나면 바다로 나가 바위를 손질했다. 엄동설한에 다닥다닥 붙은 따개비를 훑어내는 일은 여간 힘들지 않았다. 그럴수록 연두의 손길은 더욱 바빠졌고, 일을 하는 동안은 모든 시름도 잊게 되었다.

이듬해 바위에서는 푸들푸들한 미역이 자라났다. 싱싱하게 잘 자란 미역은 삼형제의 머리카락처럼 넌출이 길었다. 연두는 바윗돌에 이름을 붙였다. 삼형제의 이름을 따서 붙인 이름이 외도, 내도, 해도였다.

세월이 흐른 뒤 마을사람들은 그 바위를 삼섬이라고 불렀다. 이름도 밧삼섬外三島, 안삼섬內三島, 해삼섬海三島이 되었다. 푸들푸들한 미역넌출이 자란 삼섬은 흡사 머리를 풀어헤친 삼형제의 모습 같았다. 후일 왜인들이 쳐들어왔을 때 미역을 따려고 들어갔다간 영락없이 미끄러지기만 했다. 어떨 때는 왜인들의 발을 휘감아 물에 빠뜨리기도 했다.

그뿐이 아니었다. 삼섬은 마을을 굶주림에서 해방시켰다. 바람이 심하게 불어도 미역만은 넘쳐났다. 해풍에 따라 물결이 거칠어졌다 순해졌다를 반복하는 사이 미역은 더 싱싱하게 자라 삼섬에서 나온 미역은 최상품으로 꼽혔다.

길道이 섬島이 되었지만 사람들의 살길을 열어 주는 삼섬이 아닐 수 없다. 섬이라기에는 초라해 보이는 바위에 불과하지만 마을이름까지 삼섬마을이 된 것은 우연이 아니다.

동양에서 가장 큰 등대

화암추등대

등대는 희망이다. 때로는 경건한 고독이며 고고한 외로움의 상징이기도 하다. 어떤 처지에서든 변치 않고 한 곳에 붙박인 듯 살면서 길 떠난 자식이 돌아오기를 기다리며 대문을 지키는 어머니의 모습이기도 하다.

폭풍우나 짙은 어둠속에서 항로를 잃은 배들을 안전하게 불러들이는 빛을 보내는 곳이 등대다. 빛은 만물을 깨어있게 한다. 태양이 비추는 낮에 세상이 깨어 있음을 보아도 빛이 만물을 깨어 있게 한다는 건 알 수 있다. 밤바다를 깨어 있게 하는 것은 그처럼 환한 빛이 아니다. 오로지 한 줄기만으로 먼 곳의 배들에게 길잡이가 되어 주는 등대 불빛이다.

어둠은 깊고 적막하다. 바다의 그것은 더욱 깊고 적막하다. 그런 어둠은 추위마저 더 느끼게 한다. 그럴 때 비추는 등대의 불빛은 별이요, 나침반이며 따뜻한 온기다. 밤바다를 떠도는 선박들에게 등대는 무엇보다도 든든한 길잡이요, 생명줄이다. 고단한 여정의 긴 쉼표이기도 하다. 한 점만으로도 어두운 공간을 비추는 것이 불빛이다. 캄캄한 바다

한가운데로 비쳐드는 한 줄기 빛은 밤배를 안전하게 불러들이는 희망의 광선임에 틀림없다.

등대는 외로움의 상징이나 다 그런 것은 아니다. 화암추등대는 다르다. 무인등대임에도 외로움이나 고독과는 거리가 멀다. 섬을 지키는 등대가 아닌 까닭이다. 어쩌면 등대지기가 없어서 오히려 외로움이 덜한 것인지도 모르겠다.

울산에 공업단지가 조성된 것은 1961년이다. 그 후 울산은 대한민국 산업발달의 원동력이 되었다. 산업의 대동맥인 석유화학제품들의 생산이 첫 번째였다. 울산항에는 이를 실어 나르는 배들의 왕래가 잦아지게 되었다. 무엇이든 왕래가 빈번하면 문제가 생기게 마련이고, 대책이 요구되는 것 또한 자연스러운 현상이다. 배들의 잦은 왕래로 가장 문제가 된 것은 해양 오염 사고였다. 자칫 생태계를 위협할 사고로 확산될 위험이 큰 이러한 사고의 방지는 필수였다. 더불어 선박의 안전항해를 위한 항로표지 설치 요구도 절실해졌다.

이런 요구로 울산항의 관문인 꽃방마을 끝단에 등대가 세워졌다. 천 년 동안 안전하게 항해하기를 기원하는 거북이 모양의 등대였다. 바닷길을 안내하는 등대를 장수동물인 거북이 모양으로 만든 것은 상당히 의미 있는 일이다. 거북은 바다와 육지를 오가는 동물이다. 오랜 바닷길에 지친 선원들을 육지까지 안전하게, 그것도 오랫동안 안내하리라는 희망을 갖게 하기에 충분하다. 이 등대의 최초 점등일은 1983년 1월 28일이었다.

이후 조선 산업이 발달되면서 항만 축조에 따른 바다의 매립이 이루어졌다. 이에 따라 화암추등대는 바다에서 멀어지게 되었다. 등대는 바닷길을 밝히는 등불이다. 그런 만큼 등대는 바다 가까이에 있어야 한다. 이런 필요성에 따라 낮아진 등고를 보완한 등대를 세우게 된 것이다. 울산항을 출입하는 선박들의 길잡이 역할을 원활히 수행하려면 높은 등대 설치가 무엇보다도 절실했기 때문이다.

이렇게 해서 1994년 12월 현대중공업이 동양 최대 규모로 화암추등대를 건립해 울산지방해양항만청에 기부 채납했다. 등대만 8층 높이다. 새로운 등대의 건립은 그 역할을 톡톡히 해냈다. 육지와 바다를 한눈에 볼 수 있는 전망대의 기능은 물론, 머나먼 여정을 헤쳐 온 선박들을 안전하게 울산항으로 인도하는 항로 표지관리소의 역할까지 맡게 되었다. 그러나 20여 년이 지나면서 오늘날 이곳의 등대는 그 기능을 거의 상실하였다. 인근 지역이 택지로 조성되어 선박출입이 줄어든 까닭이다. 그런 이유에서 현재의 위치로 다시 옮겨져 상징적인 위용을 자랑하게 된 것은 2002년 12월 12일이다.

울산지방해양항만청은 2008년 전망대와 전시관을 리모델링한 후 이를 시민과 관광객들에게 개방해 왔다. 해상교통의 요충지였던 화암추등대는 엘리베이터를 이용하여 전망대에 오를 수 있는 것이 특징이다. 생동감 넘치는 울산항과 24시간 불빛을 내뿜는 산업단지의 역동성을 한 자리에서 보고 느낄 수 있다는 것도 자랑거리다. 등대 앞 방파제에서 강태공들이 계절에 따라 색다른 손맛을 즐기는 모습을 보면서 여유를 느낄 수 있는 곳이기도 하다.

화암추등대는 아파트와 주택들 사이를 지나 거대 선박의 축조현장을 지키는 산업지킴이 같은 굳세고 강한 인상을 풍기는 등대다. 꽃바위의 끝자락에 자리한 등대인 만큼 꽃바위 등대라 칭하면 정다울 법한데 화암추라니 이름에서부터 강한 이미지를 풍긴다. 다소 경직된 이름이긴 하나 산업현장의 지킴이 같은 인상과는 아주 걸맞은 이름에 고개가 끄덕여진다.

화암추 등대 건물은 그 모습도 상당히 역동적이다. 하늘에서 내려다보면 바다의 지킴이인 갈매기가 날개를 펼치고 힘차게 비상하는 형상이다. 탁 트인 바다를 건너 드넓은 세계로 향한다는 울산항의 진취적인 이미지를 형상화한 것이다. 바다를 향해 나는 갈매기 모습의 건물은 1층에 전시된 모형사진으로 확인할 수 있다. 그 의미로나 건물의 조형미로나 특별한 등대다. 갈매기 형상의 건물은 중앙 등탑을 중심으로 좌우에 배치된 사무실과 숙소다. 세계적인 울산항을 기원하는 의미의 건축물이랄 수 있겠다.

등대의 불빛은 두 가지 색이다. 산업현장을 비추는 희고 붉은 불빛, 희망과 역동의 불빛이다. 등대는 일반적으로 항해 중인 선박의 선원들이 자신들의 위치를 알 수 있도록 하는 백색 불빛만 내보낸다. 화암추 등대는 다르다. 백색과 붉은색의 두 가지 불빛을 10초 간격으로 쏘는 호광弧光 등대인 것이다. 붉은색 불빛을 쏘는 것은 등대 앞의 암초를 주의하라는 의미며 더불어 육지와의 거리를 좀 더 쉽게 알 수 있게 하기 위함이다. 등대 불빛이 도달하는 최대 거리는 무려 48킬로미터에 이른다니 방어진 인근 해역을 거의 비춘다고 해도 과언이 아니다.

등대에는 사무실과 숙소 외에도 전시실과 전망대도 갖추고 있다. 등대건물을 들어서면 로비 한 쪽에 방문일지가 비치되어 있다. 무인등대인 만큼 이름을 적고 자유롭게 등대관람을 시작하면 된다. 띄엄띄엄 날짜와 방문객의 이름이 적힌 곳에 이름을 남기노라면 주인 없는 집에 간단한 메모만 남기는 느낌을 지울 수가 없다.

일지를 적고 돌아서면 전시실이다. 해양항만에 관련된 각종 자료의 전시관이다. 울산항의 역사를 한눈에 알 수 있는 것은 물론 등대의 구조도 자세하게 설명을 붙여 놓았다. 항로표지와 항만, 선박 등 해양 및 수산 등 바다와 관련된 자료들이 갖추어져 있다. 이 자료들은 160여 장의 사진으로 전시되어 있어 훌륭한 교육의 장으로도 손색이 없다.

현재와 같은 첨단장비가 생겨나기 전에 바다를 밝히는 데 사용됐던 해상용 등명기와 나침반을 볼 수 있는 것도 화암추등대의 자랑이다. '동서양의 만남'이라는 이름표를 단 방위표도 있다. 흡사 바둑판을 보는 듯한 방위표에는 그 외에는 다른 설명이 없으니 아마도 서양에서 들어온 배에 있었던 것으로 미루어 짐작할 뿐이다. 그 외에도 전 세계의 특이한 등대 모형까지 전시되어 있어서 전시실은 볼거리가 풍성한 공간이다.

전시실에 비치된 자료만으로도 한국의 등대사를 알 수 있지만 그것들만 보고 지나기에는 아쉬움이 남는다. 사진과 그림 아래에 설명이 상세하게 되어 있으나 등대에서 일어난 에피소드를 들을 수가 없기 때문이다. 그런 에피소드는 등대지기에서 들어야 실감이 나는데 화암추등대는 안내원이 없는 무인등대라는 사실이 아쉬운 것이다.

전망대는 8층 높이에 있다. 계단을 이용할 수도 있지만 방문객들의 편의를 제공하기 위한 엘리베이터가 설치되어 있으니 굳이 그런 수고는 하지 않아도 되겠다. 계단을 이용하면서 볼 수 있는 것은 벽뿐인 만큼 시간을 낭비할 필요는 없는 일이다. 화암추등대의 엘리베이터는 국내에서 최초로 설치된 편의시설이다.

8층 전망대까지 수 초 만에 오를 수 있는 편리함에 걸맞게 전망대에서는 활기찬 산업의 현장을 조망할 수 있다. 반대쪽은 시멘트로 만들어 놓은 인공방파제다. 자연미가 없어 경직된 모습이나 낚시꾼들을 위한 인공방파제여서 한가로움이 느껴진다. 이곳까지 낚시꾼들을 실어 나르는 배도 있다. 역동적인 산업 항에서 한가로이 낚시를 즐기는 사람들의 모습도 낯선 아름다움이다. 건설이든 낚시든 모두가 사람이 일부러 하는 일이다. 그럼에도 느림과 빠름의 적절한 조화를 자연스럽게 이루는 모습이 아닐 수 없다.

날이 맑은 날 등대와 방파제 사이로 쏟아지는 햇살에 반짝이는 바다의 살결은 빛나는 아름다움이다. 방파제의 반대쪽으로는 산업현장에서 건조되고 있는 배들이 보인다. 잔잔한 바다에 점점이 떠 있는 배들. 분명 건조가 한창일 텐데도 드넓은 바다 위에 떠 있는 배의 모습은 마치 먼 바닷길을 돌아와 정박하고 있는 듯한 모습이다.

등대가 바다의 지킴이인 것은 불변의 사실이다. 다만 자리한 지점에 따라 등대가 주는 느낌은 다르다. 화암추등대는 외로운 노인의 이미지보다는 건장한 장년의 힘이 느껴진다. 그 힘은 위압감이 아니다. 건강한 활력이다. 생산현장의 이미지 때문이지만 등대에서 느껴는 역동감에 힘이 솟는 듯하다.

특히 역동적임을 느끼게 하는 것은 현대중공업의 거대 크레인이다. 화암추등대에서는 등대가 전하는 이미지인 섬마을의 고요는 느낄 수 없다. 조는 듯, 쉬는 듯 먼 바다까지 점점이 떠 있는 배들의 움직임은 거의 느껴지지 않는다. 그렇지만 어딘지 부산스러운 느낌이 드는 것은 인근 바다를 매립해서 조성된 조선소들의 모습 때문이다. 조용하고 고독한 이미지의 등대마저 어딘지 분주해지는 듯하다.

전망대 벽은 전체가 유리다. 전망대를 한 바퀴 돌아보면 투명한 유리벽을 통해서 울산항과 시내를 골고루 조망할 수 있다. 등대 바로 밑은 현대중공업이다. 때에 따라서는 보기만 해도 웅장함이 전해지는 골리앗 크레인이 초대형 컨테이너선을 만드는 장면을 직접 볼 수도 있다. 그

화암추등대 전망대에서 본 울산항 야경

렇지 않더라도 거대 선박의 건조현장을 보는 것은 화암추등대가 제공하는 보너스인 셈이다. 꿈꾸는 청소년들에겐 미래를 향한 학습장으로, 꿈을 이룬 어른들에겐 바다와 배에 얽힌 추억을 돌아보는 관광코스로 추천할 만하다.

전망대를 천천히 한 바퀴 돌아보면 울산 바다 주변을 거의 다 조망할 수 있다. 울산항 너머로 아득하게 보이는 풍경이 있다. 조선, 자동차와 더불어 울산의 원동력이 되고 있는 석유화학단지 전경이다. 하얗게 뿜어내는 연기들은 마치 '알라딘의 요술램프'에 나오는 요정 지니가 빠져나오기 전의 상황을 떠올리게 한다. 울산의 요구를 들어줄 듯한 무언가를 기대하게 하는 풍경이다.

방어진항의 모습도 보인다. 등대에서 1.5킬로미터 떨어진 방어진항은 일제 강점기 때부터 어업전진기지로 유명하다. 이곳에서는 동해안에서 갓 잡은 싱싱한 활어를 저렴한 가격으로 즐길 수 있다. 섬 끝에 기둥처럼 서 있는 슬도 등대도 보이고 맑은 날은 더 멀리 아득하게 대왕암도 보인다. 한 마디로 울산의 동구 일대를 한 눈에 볼 수 있는 전망대라 할 수 있다.

전망대 바닥에는 타일로 박아 놓은 사신도가 있다. 사방이 둥근 유리로 되어 있어 방향감지가 쉽지 않을 것을 감안한 배려다. 사신도는 동서남북 방위를 알리는 방위표다. 모나지 않으면서 방위를 알려주는 민속적인 방위표에서 푸근함을 느낄 수 있다.

청룡靑龍이 그려진 곳이 동쪽이다. 청룡은 고대 천문학에서 말하는 스물여덟 개의 별 가운데 동쪽의 일곱별을 상징한다. 방위에서는 사신四神의 하나로 동쪽 방위의 목木 기운을 맡은 태세신太歲神을 상징하는 짐승이다. 용은 여러 동물의 복합체다. 사슴의 뿔, 말의 얼굴, 호랑이의 목털, 뱀의 몸통에 물고기의 비늘, 닭의 다리와 메기의 수염으로 이루어진 모습이다. 풍수지리에서 주산에서 왼쪽으로 뻗어나간 산줄기를 이르기도 한다. 해가 돋는 바다의 푸른 기상을 청룡이 그대로 보여준다. 과연 산 자를 의미하는 푸른색은 생명의 탄생을 주관하는 양陽의 영수다운 색깔이다. 화암추등대는 대왕암에 비해 일출의 감동을 크게 느낄 만한 위치는 아니나 청룡이 그려진 위치에 서면 그 기상은 전달 받을 수 있다.

서쪽은 백호白虎가 그려진 곳이다. 백호는 하늘의 별 가운데 서쪽의 일곱별의 명칭이다. 금金 기운을 맡은 태백신太白神을 상징하는 짐승이기도 하다. 풍수지리에서는 청룡과 반대로 주산에서 오른쪽으로 뻗어나간 산줄기를 일컫기도 한다. 백호는 사방신장 중 유일하게 실제로 살아있는 동물이다. 또한 맹수임에도 친근하게 느끼며 상서로운 동물로 사랑받았다. 백호는 그런 호랑이 중의 으뜸이다. 흰색이어서 자주 볼 수 없다보니 특별하게 느낀 것이다. 청룡이 바람을 다스리는 데 비해 백호는 땅을 다스린다. 죽은 자를 다스리는 음陰의 영수다. 해가 지는 쪽인 서쪽을 백호가 맡은 것으로 믿은 것은 사후까지 든든하게 보호받기를 바라는 마음이 강했음을 알 수 있다.

남쪽을 나타내는 그림은 남방성수南方星宿로 여겨진 짐승으로 주작朱雀이다. 역시 남쪽에 있는 일곱별의 명칭이기도 하다. 주작은 봉황의 모습이다. 봉황은 봉황의 수컷인 '봉'과 암컷인 '황'을 함께 일컫는 이름이다. 주작은 암수가 한 몸인 봉황으로 붉은색이다. 대나무 열매를 먹고 영천靈泉의 물을 먹고 살며 불을 상징한다. 남쪽을 나타내는 영수로 음양오행설에서는 청룡과 함께 양을 의미한다. 화성火星을 다스리는 상상 속의 동물이다.

현무玄武 역시 상상의 짐승으로 아직까지 그 형상이 뚜렷이 밝혀진 바는 없다. 대부분의 그림에 뱀과 함께 있는 거북의 형상이다. 이를 보는 견해는 각각 다르다. 뱀과 거북이 교미를 한다고 보는 견해가 있는가 하면, 뱀과 전투 중인 거북으로 보는 견해도 만만치 않다. 보편적으로는 거북으로 보는 견해가 많다. 현무는 북쪽의 일곱별을 칭하는 이름이다. 물 기운을 맡은 태음신을 상징하며 검은색으로 묘사된다. 백호와 함께 음의 영수다.

화암추등대는 꽃바위의 지킴이다. 전시실과 전망대를 고루 갖춘 데다 전망대까지 오르는 엘리베이터까지 있어서 학생들에게는 학습의 장이 되고 관광객들에게는 한 번쯤 들러서 동해를 조망할 수 있는 좋은 조건이다.

이런 등대가 무인등대인 것은 아쉽다. 그렇지만 장수동물인 거북의 형상으로 시작된 등대인 만큼 불빛만은 영원히 꺼지지 않을 것이다. 1983년 등대가 첫 불을 밝힌 이후 줄곧 유인등대로 관리되었다. 그러던 것이 국토해양부의 항로표지 중기개발 계획에 따라 무인등대로 바뀐 것이 2011년 11월이다. 옛날에는 등대 관제를 사람이 직접 해야 했지만 첨단 자동화 시스템이 도입된 이후 할 일이 사라졌기 때문이다. 등대로서의 기능을 많이 상실한 것도 이유다. 물론 미리 연락을 하고 방문을 하면 안내원이 나오겠지만 단순히 오가다 들르는 방문객들에게는 눈으로 보는 것이 전부일 뿐이라는 것이 어딘지 서운하다.

화암추등대를 해질녘에 들러보는 것도 색다르다. 일반적으로 동해에서는 일출의 아름다움을 주로 꼽지만 일몰 명소도 있다. 화암추등대에서는 일몰의 아름다운 광경에 넋을 빼앗기기 일쑤다. 해가 서쪽으로 기울 무렵, 화암추등대 전망대에 서면 지는 해도 얼마나 벅찬 감동인지를

현대미포조선

깨닫게 된다. 평생을 치열하게 살다가 장엄하게 최후를 맞는 위인의 생애를 느끼게도 한다. 그런 느낌은 내일에 대한 희망으로 이어진다. 더구나 이곳은 바다로 지는 해를 보고 나면 이어서 울산 12경의 하나인 공단 야경까지 감상할 수 있는 곳이기도 하다. 바다 끝에 펼쳐진 화려하나 야단스럽지 않은 수평선의 밤경치는 별들이 내려앉은 듯하다. 다만 등대 관람시간이 일몰시각과 맞물려 있어서 등대 전망대에서는 겨울의 일몰밖에 볼 수 없음이 아쉽다.

등대를 나와서 색다른 구경거리를 원한다면 현대중공업의 선박건조 현장을 추천한다. 물론 개인적인 탐방은 안 된다. 단체일 경우 회사 측의 허락을 받고 사전 예약을 해야 하는 번거로움을 감수해야 하는 일이다. 그렇지만 전 세계 선박 건조의 15퍼센트를 차지하는 현장을 돌아보면서 땅덩이는 작지만 조선 강국인 대한민국의 국민이라는 자부심을 갖기에 충분한 코스인 것은 분명하다.

떠다니는 애기 혼魂

번틈의 혼선창

번틈은 뻗은 들을 일컫는 울산지방의 말이다. 화잠花岑에 속해 있던 마을로 화잠 북쪽의 나루터였다. 이 나루에서 장생포간 나루가 내왕하였으나 조선소 건설로 마을 전체가 이주했다. '번틈이'는 '번은 터미'의 준말이다. '번틈이'의 '번'은 산의 능선이 뻗어 내린 모양을 일컫는다. '틈이'는 [터미 · 퇴미 · 따미]와 마찬가지로 땅이 튀어나온 모양이나 지역을 이르는 말이다.

이렇듯 번은 듯 튀어나온 땅이었던 번틈은 이름과 달리 수심이 가팔랐다. 해안과 바다의 경계가 뚜렷했다. 해안에서 내려서면 모래톱이 거의 없이 바다가 내리꽂히듯 붙어 있었다. 이런 지형이라 장생포까지 다니던 돛배는 번틈에서 출발했다. 나중에는 통통배로 바뀌었지만 물길을 오가며 방어진과 장생포를 이어 주는 작은 포구가 자리했던 지역이다.

번틈의 뒷산에는 혼선창이 있었다. 혼이 떠도는 선창이란 의미가 담긴 지명에는 아픈 이야기가 숨어 있다.

용술은 주린 배를 채우려고 충청도에서 이 마을로 들어온 사내였다. 굶기를 부자가 밥 먹듯 하는 생활이 지긋지긋하던 차였다. 무엇보다도 어린 아들을 굶기는 일은 죄를 짓는 것 같았다.

나무를 하러 갔던 용술은 바다에 나가면 배는 곯지 않는다는 말을 들었다. 산골에서만 살던 용술에게 바다는 막연하지만 새로운 희망의 안식처처럼 여겨졌다. 아내도 용술의 뜻에 찬성을 했다. 물어물어 내외가 닿은 곳은 방어진이었다.

용술 내외에게는 늘그막에 얻은 어린 아들이 있었다. 네 살이 되었지만 배를 자주 곯아서인지 두어 살밖에 되어 보이지 않는 사내아이였다. 아이는 왜소한 체구에 기운이 없어 보이면서도 눈빛만 반짝였다. 그런 모습이 내외는 늘 가슴 아팠다.

먹고 살기 위해 찾아들었지만 다들 먹고 살기 힘든 처지였다. 낯선 용술 내외를 살갑게 대하는 이웃은 없었다. 촌락의 인심이 좋다고 하지만 그것은 오래 같이 살았을 때나 느낄 수 있는 정일 뿐이다. 낯선 사람을 대하는 태도는 오히려 도회지 사람들보다 배타적이었다.

그 때문에 부쳐 먹을 땅뙈기 한 뼘도 없는 것은 충청도나 방어진이나 다를 것이 없었다. 벋틈의 비탈에 겨우 오두막을 지을 수 있었던 것만도 다행이었다. 그나마 집을 지은 것도 천우신조였다. 기둥으로 쓸 나무하나도 구할 길이 없는 처지였다. 흙으로 지을 수밖에 없었던 데다 차진 흙을 구하기도 쉽지 않았다.

생각 끝에 용술은 잔디가 촘촘한 흙을 퍼왔다. 일부러 벽돌을 만들지 않아도 잔디뿌리가 엉켜서 흙을 잡아 주어서 벽 삼아 쌓았다. 그렇게 지은 집은 나지막했다. 일어서면 천장에 머리가 닿았지만 바람을 피할 집이 있다는 사실에 마음은 푸근했다. 이곳 사람들에게는 낯설기만 한 떼

(뿌리째 떠낸 잔디)집이었다.

"여기가 우리 집이야?"

어린 아들이 좋아하는 걸 본 용술에게 당장 급한 것은 일거리였다.

용술은 일거리를 찾아 밤낮없이 바닷가를 쏘다녔다. 어부들이 시키는 어떤 허드렛일도 마다하지 않았다. 그렇게 종일 움직이면서 얻는 것이라곤 상품이 될 수 없는 물고기 한 소쿠리가 고작이었다. 식량으로 바꿀 만한 가치도 없는 것이었지만 요기는 할 수 있었다. 그것만으로도 한결 견딜 만했다.

용술의 아내는 부지런했다. 바다에서 일하는 아낙들을 따라 다니다가 멍게가 닥지닥지 붙은 바위를 발견했다. 뭉치돌이었다. 뭉치돌에서 따낸 멍게는 새로운 맛이었다. 아내는 멍게를 내다 팔았다. 그것은 비록 적은 양이지만 식량을 살 수 있는 중요한 수입원이 되었다. 용술이 바위에 붙은 따개비를 따오면 아내는 죽을 끓였다. 세 식구는 배를 곯지 않게 된 것이 기쁘기만 했다. 고기를 구할 길 없는 내외에게 멍게와 따개비는 영양가 있는 식량이었다.

어린 아들은 따개비를 넣고 끓인 죽을 아주 좋아했다. 아내는 기뻤다. 배를 곯던 아들에게 비록 따개비 죽이나마 배불리 먹일 수 있다는 것은 여간 다행한 일이 아니었다.

"여기서 조금 떨어진 곳에 큰 목장이 있던데?"

그해 겨울이 끝날 무렵, 용술이 말했다.

용술이 본 것은 말 사육장이었다. 당시 방어진에 있었던 마성을 본 것이다. 방어진은 꽤 넓은 목장지역이었다. 주로 군마를 사육하던 목장이었다. 일거리가 없는 날이면 용술은 목장으로 발길을 돌렸다. 너른 들판에서 풀을 뜯다가 목마르면 물을 마시는 말을 보노라면 모든 시름이

번틈 나룻배 선착장. 현재는 현대미포조선에 편입되어 사라졌음.

사라지는 듯했다. 아무 걱정 없이 사는 말들이 부럽다는 생각도 들었다.

그러던 어느 날 용술은 음수지에서 물을 마시던 말 한 마리가 고삐를 풀고 달아나는 것을 보았다. 말에게 물을 먹이던 목부가 당황한 것을 본 용술은 저도 모르게 말을 따라 뛰었다. 겨우 말고삐를 잡았을 때는 숨이 턱까지 차서 헉헉거렸다.

그 일이 계기가 되어 용술은 목장의 허드렛일을 하게 되었다. 육지에서 먹고 살 길이 막막하여 바닷가로 왔건만 정작 하게 된 일은 말을 돌보는 일이었다. 겨우 입에 풀칠이나 할 정도의 수입이었지만 낯선 곳에서 눈칫밥을 먹지 않아도 된 것이 용술은 마냥 기뻤다.

"겨울이 지나면 실한 놈으로 백 필을 바치랍신다. 도대체 누구 좋으라고 하는 짓인지……."

조정에서 좋은 말을 골라서 바치라는 명이 떨어졌다는 말을 하면서 말단 관원은 불평을 했다.

"군사훈련에 쓰려는 거 아녀유? 이거 전부 군마라면서유?"

"군사훈련은 무슨……."

말단 관원은 억울하다는 듯 말끝을 흐렸다.

방어진 목장은 군마를 기르는 곳이었다. 그런데 당시 조선은 청나라에 조공을 바치는 나라였다. 오랫동안 명나라의 풍습과 전통을 고수하던 조선이었다. 그랬기에 처음에는 오랑캐라며 상대도 하려 들지 않았던 청나라였다. 그렇지만 청나라의 힘은 무시할 수 있는 정도가 아니었다. 결국은 명나라에 하던 대로 조공으로 각종 공물을 바치는 일이 관례가 되고 말았다.

그 중에는 말도 포함이 되었다. 용술은 화가 났다. 얼마나 정성을 들여서 돌보는 말인데 조선 조정에 바치는 말이 청나라의 조공으로 갈 것이라니 분하고 억울했다. 용술은 목장에서 일한 지 이태가 지났다. 나라가 자신을 호의호식시키는 건 아니지만 임금에게 늘 감사한 마음이었다. 그렇지만 가난한 양민들보다 더 정성스럽게 길러지는 말을 청나라에 바친다니 억울한 생각이 들었다.

봄부터 가을까지는 말을 풀어서 기르지만 풀이 없는 겨울에는 달랐다. 말에게 여물을 쑤어 먹여야 했다. 이때 여물에 소금을 넣었는데 이는 말에게 물을 먹이기 위함이었다. 말은 물을 마셔야 오줌을 잘 누었다. 오줌을 누지 않으면 말은 몸의 열을 발산시킬 수가 없어서 허약해지게 마련이었다. 또 찬물을 먹여야 말의 정강이뼈와 발굽이 단단해진다.

허드렛일이지만 이태를 말과 함께 살면서 말 사육법을 알게 된 용술은 꾀를 썼다. 온갖 정성을 다해서 길러봐야 청나라에 바칠 말이라면 굳이 명마를 만들고 싶지 않았다. 조선을 속국처럼 여기는 청나라의 행태가 용술은 참을 수 없었다. 겨울이 지나려면 서너 달밖에 남지 않은 기간이지만 용술은 꾀를 쓰기로 했다.

용술은 문드러지도록 삶은 콩과 여물을 말에게 먹였다. 소금을 넣지 않으니 말에게 물을 먹일 일도 별반 없었다. 음수지도 얼어붙은 데다 많은 말에게 물을 먹이기도 쉬운 일이 아니었지만, 무엇보다도 기름진 말로 길러놓으면 청나라에만 좋은 일을 시킬 것 같아서였다. 말단 관원들의 생각도 마찬가지였다.

"우리가 나라의 녹을 먹으면서 남의 나라에 힘을 보태서는 안 되지."

그 해 겨울 말들은 지구력이 떨어졌다. 하루만 달려도 신열이 나고 시름시름 앓기 일쑤였다. 말을 실하게 키우지 않으려는 것은 용술과 말단 관원들의 공공연한 비밀작전이었다. 방어진 목장은 나라에서 운영하는 목장이었다. 이들의 이런 행각은 발각되면 자칫 중벌을 받을 일이었다.

"청나라에 바치는 조공에서 말은 빼기로 했다. 우리 군사들의 훈련에 쓸 말이니 관리에 더욱 철저를 기하도록!"

목리가 조정의 명을 전했다.

용술은 기뻤다. 지금까지와 다르게 말을 관리하기 시작했다. 청나라와 왜국이 싸우는 동안 조선도 힘을 기르려는 모양이려니 여겼다.

용술은 죽을 쑤는 대신 건초를 먹였다. 건초에 소금도 뿌려주었다. 말이 물을 찾으면 곳곳에 산재한 음수지의 차고 깨끗한 물만 골라서 먹였다. 뜨거운 것을 먹이지 않으니 말은 금방 튼튼해졌다.

이듬해 용술은 집을 떠날 일이 생겼다. 군마로 뽑힌 말들을 한양까지 몰고 가게 된 것이다. 한양까지 말을 데려다 주는 일은 목부들이 가장 꺼리는 일이었다. 가는 도중에 강도를 만날 위험이 있는 데다, 자신은 다쳐도 말은 다치면 안 되는 부담이 가장 컸다. 군마보다도 못한 스스로의 처지가 한탄스러워도 내색할 수도 없었다. 그런 데다 여러 날 집을 비우는 것도 썩 내키는 일이 아니었다.

"아무리 보잘것없는 일을 하고 있더라도 나라의 녹을 먹는데 내 안전만 생각할 일은 아니지. 우리 세 식구 굶지 않게 된 것도 목장 덕분인데."

튼튼한 말을 골라 한양으로 떠나며 용술은 자부심을 가졌다.

용술이 떠난 며칠 뒤 일곱 살 된 아들이 시름시름 앓기 시작했다. 아내는 감기려니 여겼다. 원체 몸이 약했던 아들이 아내는 안쓰러웠다.

"이번에 아버지 한양에서 돌아오시면 고기도 실컷 먹여 줄 테니 얼른 나아라."

"…… 으응."

아들은 열에 들뜬 채 먼 데 사람을 바라보듯 어머니를 향해 힘겹게 눈을 떴다 감을 뿐이었다.

작은 체구에도 눈빛만은 초롱초롱했던 아들이었다. 가슴이 미어지는 듯했지만 그저 하루빨리 낫기만을 바랐다. 아들의 몸에 열꽃이 피어나는 걸 보았지만 아내는 다른 생각은 하고 싶지 않았다. 남편이 돌아오기만을 기다리며 열꽃이 사그라지길 빌었다.

사나흘이 지나도 아들의 몸에 핀 열꽃이 사그라지기는커녕 더욱 무성해졌다. 아내는 겁이 더럭 났다. 아무리 봐도 홍역 같았다.

"엄마, 머리 아파."

홍역을 앓는 어린 아들이 말했다. 얼굴이 발갛게 변한 아들의 몸에서도 열이 났다.

"그래. 열꽃이 폈으니 곧 나을 거야. 꼼짝 말고 누워 있어라. 찬바람 쐬면 안 된다."

열꽃만 사그라지면 나으리라, 그렇게 여기며 아내는 아들에게 단단히 일렀다.

특별한 약도 없는 때라 아내는 아들을 달랬다. 찬바람을 쐬면 백일해로 이어질까 봐 그냥 있을 수가 없었다. 제당에 가서 빌기라도 하고 싶었다.

아내는 아들을 한 번 돌아본 뒤 집을 나섰다. 어린 아들을 혼자 두고 집을 나서는 발걸음이 가볍지만은 않았다. 그렇다고 특별히 해줄 만한 처방도 없던 시절이라 찬바람을 쐬지 말라는 당부만 한 번 더 했다.

아내는 따개비로 바구니를 가득 채웠다. 따개비라도 제당에 바칠 제물로 쓸 요량이었다. 그렇지만 제당은 굳게 잠겨 있었다. 아무나 들어가지 못하게 하기 위함이기도 했지만 드난꾼 취급 받는 용술네는 발도 들일 수가 없는 입장이었다.

아내는 원망스러웠다. 제당 마당에도 들어서지 못한 채 아내가 집으로 돌아왔을 때는 방문이 열려 있었다. 아들은 문지방에 목을 걸친 채 죽어 있었다. 열이 하도 심하게 나서 견딜 수 없던 아들이 겨우 문을 열고 바람을 쐬려고 했던 모양이었다.

"미안하다, 아가. 아가, 미안하다."

아이를 부둥켜안고 울기만 했다.

열에 들떠서 죽은 까닭인지 아직도 온기가 남은 아들의 시신을 안고 미친 듯이 울부짖었다.

한겨울 벌판에 맨몸으로 서서 바람을 맞아도 이보다 아플 것 같지는 않았다. 늦게 낳은 자식을 위한 기원조차 받아 주지 않는 제당인 줄 알면서도 그 곳으로 향한 자신의 발을 자르고 싶었다. 얼마나 엄마를 원망했을까? 마지막 가는 길도 지켜 주지 못한 것이 한스러웠다.

남편이 돌아오면 얼마나 억장이 미어질까? 아내는 아이를 들쳐 업었다. 아직도 찬바람이 부는 골목을 죽은 아이를 업고 밤이 깊도록 걷고 또 걸었다. 발긋하게 피어나던 열꽃처럼 엄마의 살 냄새를 맡고 꺼진 생명 꽃이 피어나리란 헛된 기대로 캄캄한 산길도 무섭지 않았다.

그렇지만 소용없는 일이었다. 아이의 몸은 점점 싸늘하게 식어 갔다. 추운 줄도 모르고 미친 듯이 걸었던 자신의 등에 땀만 흥건했다.

"아가. 참말로 미안하구나. 아버지가 언제 오시려나 높은 데서 지켜보려무나."

희붐한 새벽, 아내는 아이를 업고 있던 포대기를 풀었다. 등에서 내린 아이는 그대로 축 처졌다. 아내는 아이를 길옆의 나무에 매달았다. 자신에게 업혔던 것처럼 굵은 나무에 포대기로 묶어놓고 하염없이 울었다.

사람들은 혼이 반쯤 나간 아내를 보면서 혀만 끌끌 찼다. 아내가 바다에 몸을 던진 것은 다음날 아침이었다. 근처에서 물질을 하던 해녀가 용굴처럼 깊게 패인 바위 아래로 나뭇잎처럼 가볍게 몸을 날리는 아내를 보았지만 그뿐이었다. 사람들에게 알려서 시신을 찾았지만 찾을 수가 없었다.

"상어밥이 된 기라."

"맘 단디 묵고 살 일이제."

진작 살갑게 대해 주지 못한 미안함을 사람들은 변명처럼 원망처럼 중얼거렸다.

며칠 뒤 용술이 돌아왔다. 아내와 아이의 갑작스런 죽음에 삶의 의욕이 사라졌다. 상심한 용술은 아이의 시신부터 찾아 나섰지만 소용없었다. 나무에 매달렸다던 아이의 시신마저 감쪽같이 사라진 뒤였다.

용술은 술만 펐다. 살아야 할 이유가 없어진 터라 목장일도 싫었다. 취하도록 술을 마신 용술은 아내와 아들의 이름을 부르며 번틈어장을 쏘다녔다. 미친 듯이 모자의 이름만 부르던 용술은 결국 발을 헛디뎌 바다로 빠지고 말았다. 아내가 죽은 데서 200여 미터 남짓 떨어진 바위 아래였다.

"어어! 이 사람아~"

마을 이장이 발을 헛디딘 용술을 발견했지만 때는 이미 늦은 뒤였다. 이상한 것은 용술의 시신도 찾지 못했다는 사실이다.

그때부터 마을 사람들은 바람이 조금이라도 부는 날이면 밖에 나가길 꺼렸다. 그때까지 조용하기만 했던 바다에서 이상한 소리가 들리기 시작한 것이다. 아내가 죽은 바위에서 쿵덕, 소리가 나면 그다지 멀지 않은 곳에서 메아리처럼 다시 쿵덕, 소리가 들렸다. 용술이 빠진 근처의 바위였다.

"꽃도 피워 보지 못한 아들을 죽게 한 것이 한이 된 기라."

사람들은 용술 내외가 자신들의 과오를 자책하며 바위에 머리를 짓찧는 거라고 수군거렸다. 사람들은 자연스럽게 이 두 개의 바위를 '쿵두바위'라고 불렀다.

비슷한 시기에 아이를 매달았던 나무 근처에는 아기 귀신이 나온다는 소문이 돌았다. 그도 그럴 것이 사람들은 너도나도 홍역으로 죽은 아이들을 나무에 매달았다. 그런데다 광인들이 정신없이 돌아다니다가 그 언덕에서 굴러 죽는 일도 있었다. 그마저도 사람들은 애기 귀신에게 홀려서 죽은 것이라며 두려워했다.

사람들은 이곳을 '혼선창'이라고 불렀다. 혼이 떠다니는 선창이라는 뜻이다.

"혼선창에 혼자 가지 말거래이. 애기구신 나온다."

사람들은 아이들에게 단단히 일렀다. 홍역을 앓다 죽은 아이들의 영혼이 떠돌다가 건강한 아이의 몸에 숨어든다는 것이었다.

건장한 남정네들도 번틈이의 산길을 지날 때면 머리끝이 쭈뼛 섰다는 혼선창. 지금은 모두 공장부지로 편입이 되어 흔적조차 찾을 수 없다. 아픈 이야기만 전설처럼 떠돌 뿐이다.

이름으로만 남은 애전艾田

쑥밭 이야기

'더불다'라는 말에는 공동체의 의미가 들어 있는 포괄적인 낱말이다. 둘 이상이 한데 섞여 어우러지는 걸 일컫는 말이므로 여간 아름다운 말이 아니다. 이처럼 아름다운 낱말을 우리는 사람과 자연의 관계에 자주 쓴다. 사람은 자연과 더불어 살아야 한다는 것이다. 그럼에도 자연과 인간의 관계에서는 실상 그다지 아름다운 의미로 쓰이지 못하는 때가 많다. 사람들이 자연과 더불어 살아야 한다는 말을 쓰는 경우는 그 관계가 허물어진 시점이다. 대개는 자연의 지배자인 양 군림하려다 망가진 자연과의 관계에서 반성의 의미로 쓰기 때문이다.

바다와 인간의 관계 또한 그러했다. 땅에다 발을 딛고 살지만 인간에게 바다는 땅만큼이나 중요한 삶의 터전이었다. 바다는 수산자원의 보고다. 가장 기본적으로 허기진 어민들이 배를 채우는 곳이었다. 나아가 육지 사람들의 식탁을 보다 풍성하게 해주는 해산물의 생산지이기도 했다. 산해진미라는 말에서 전달되는 구색의 의미는 바다가 없이는 생각조차 할 수 없다.

지금은 산업중추기지인 현대미포조선소로 탈바꿈한 쑥밭과 대굼멀. 대구머리 형상의 마을이라는 데서 유래한 토속지명이다.

현대미포조선소가 들어서기 전 이 마을 사람들에게 바다는 절대적 삶의 터전이었다. 지명에서 연상되는 한자 이름을 붙이는 과정에서 쑥밭은 애전艾田이 되었지만 유래는 다르다. 쑥과는 전혀 관계가 없다. 쑥이 많아서 쑥밭이라는 이름으로 불렸다는 것이 설득력이 없는 이유는 쑥의 생태를 알면 쉽게 이해된다. 쑥은 흙이 있는 어디서나 잘 자라는 풀이다. 번식력도 뛰어나고 생장력 또한 왕성하다. 아무리 척박한 곳에서도 쑥만은 쑥쑥 잘도 자라난다. 그러므로 쑥이 많이 나서 쑥밭으로 불린다면 전 국토가 다 쑥밭이어야 한다.

조금만 깊이 생각해 보면 쑥밭은 쑥 때문에 생긴 이름이 아님을 간단하게 알 수 있다. 쑥밭은 땅의 모습을 보고 붙인 지명이다. 쑥 들어간 땅의 안쪽이나, 반대로 쑥 튀어나온 땅의 바깥쪽을 대개 쑥밭이라 일컬었다. 산골이나 갯마을에 쑥밭이 많은 것도 그 때문이다. 골짜기의 오목한 곳에 자리 잡은 마을이나, 바닷가의 돌출된 곳에 자리 잡은 갯마을에 쑥밭이란 지명이 붙은 걸 드물지 않게 볼 수 있다. 마을의 생김새를 감안하면 과연 고개가 끄덕여지는 이름이다. 현대미포조선이 들어서면서 지금은 명실상부한 조선산업단지로 바뀌었지만 예전의 쑥밭 역시 그런 의미였다.

쑥밭은 평화로운 갯마을이었다. 갯마을은 농지가 부족했다. 갯마을 사람들이 생업으로 고기잡이를 하는 것은 당연했다. 쑥밭과 대굼멀 사람들의 삶이라고 다를 것이 없었다. 갯마을 사람들이 삶의 터전으로 삼던 바다와 관련된 행사와 삶의 기록들은 지금도 해안가를 떠돌고 있다.

쑥밭후리막

그 중 대표적인 것이 후리어장이다.

세월에 따라 강산이 변한다. 바다라고 다를 것이 없다. 상전벽해桑田碧海라는 말이 있는가 하면 쑥밭이나 대굼멀처럼 바다를 메워 육지가 된 곳도 있다. 땅은 넓어졌지만 그 땅과 바다를 지키며 살던 사람들은 아무도 없다. 공장들이 들어서면서 토착민들은 화암문현지구로 이주를 했다. 그런 까닭에 쑥밭은 이제 '예전부두'라는 이름과 이 지역의 역사만 전설처럼 간직한 지명이 되었다. 그나마도 '애전부두'가 '예전부두'로 잘못 표기된 것은 안타까운 일이지만.

반짝이는 은빛 포구

후리어장地曳網

쑥밭은 동해안이라 조수간만이 심하지 않은 곳이다. 후리어장이 성행하기에 최적의 조건이다. 후리는 '휘몰아 채거나 쫓다'는 의미의 '후리다'에서 어간만 떼어내 어업용어로 쓰는 이름이다. 강이나 바다에 넓게 둘러친 후에 양쪽에서 여러 사람이 끝줄을 잡아당겨 물고기를 잡는 큰 그물을 일컫는 순우리말이다. 후리어장에서 쓰는 그물을 후릿그물이라고 한다. 후릿그물은 자루의 양쪽에 기다란 날개가 달렸다. 그 끝에 끝줄이 달린 그물을 기점인 육지나 배 가까이에 던져놓고 일정한 시간 동안 기다렸다가 끝줄을 오므리면서 끌어당긴다.

후릿그물은 예인망曳引網이라고도 한다. 끌어당겨서 잡는다는 의미의 어구인 까닭이다. 이름에서 알 수 있듯이 이러한 어법은 그물을 던진 위치에서부터 기점 사이에 있는 어종밖에 잡을 수가 없다. 그러므로 쑥밭과 대굼멀의 후리어장에서는 대개 해안 가까이의 얕은 곳으로 몰기 쉬운 멸치잡이가 성행했다.

후릿그물도 몇 사람이 작업을 하느냐에 따라 이 고장에서는 그 이름을 각각 다르게 불렀다. 두 사람이 당기는 작은 규모의 그물을 '바구리'가 있는가 하면, 네댓 명이 사용하던 후릿그물인 '조네기'도 있었다. 어장에서는 이런 그물들은 거의 쓰지 않았다. 그 때문에 어장에서 쓰는 것은 후릿그물이라고 불렀다. 후릿그물은 적게는 예닐곱에서 많게는 14~15명이 함께 당겨야 했다. 몇 명의 어부가 어망을 배에 싣고 나가 먼저 해변에 몰려든 멸치 떼를 포위한다. 그런 다음 어망을 넓게 펼쳐 던진 뒤 육지나 배 위에서 어망을 끌어올려 멸치를 잡는다.

이 지역의 후리어장은 농촌의 전답과 다를 바가 없었다. 농토가 아주 없지는 않았지만 주민들에게는 농토보다 후리어장이 생업의 장으로서의 의미가 더 컸다. 후리어장은 일제 강점기 때 설치된 것이 많다. 그랬던 것이 해방 후인 1950~60년대까지 활발하게 이어졌지만 어구와 어법에 쓰이는 용어는 일본어가 많이 남아 있었다. 어풍대가 자리한 고늘지구에는 일제 강점기 때 쓰던 후리막이 아직도 빈 곳간처럼 남아 있다.

"그 전에도 조금씩 후리업을 했지만 일제 때 성황을 이뤘지요. 배가 들어오면 어부들이 붙어서 노래를 부르며 멸치를 털어내는 모습은 장관이었지요."

부친인 이은식씨가 어선 네 척을 거느린 후리어장을 운영했다는 이순갑씨의 말이다.

이곳 사람들은 후리어장을 '후리막'이라고 불렀고, 후리막에 종사하는 일을 '후리막 탄다'고 했다. 어장의 선주는 경험이 많고 신임할 수 있는 사람을 선도先導로 천거했다. 경험이 부족한 사람은 다른 어부들을 이끌 수 있는 선도가 될 수 없다. 조금이라도 믿음이 가지 않는 사람에

후리당기기

게는 더더욱 선도를 맡길 수가 없었다. 선도가 되면 선주를 대신하여 후리막의 운영을 했기 때문이다.

인부들 중에서 역시 믿을 만한 사람을 서기로 뽑아 회계처리를 맡겼다. 일반 인부들은 평소 그물의 손질과 후리막의 부속시설들을 관리하는 일을 했다. 떨어진 그물을 깁고 말려서 불(모래사장)에 올려놓은 모선에 잘 사려놓는 일도 그들이 맡았다. 이렇듯 모든 준비가 완료되면 어부들은 어선에서 멸치 떼가 연안으로 몰려들기를 기다렸다.

멸치 떼는 큰 고기들이 나타나면 연안으로 몰려든다. 바다 가운데서 만난 큰 고기들의 공격을 피해 도망을 치는 것이다. 덩치가 큰 고기들은 물이 얕은 곳에서는 활동하기가 곤란하다는 걸 멸치들은 오랜 경험으로 안다. 멸치 떼의 양을 아는 가장 쉬운 척도로는 갈매기 떼의 움직임이다. 멸치 떼가 밀려오면 갈매기 떼의 움직임도 활발해진다. 갈매기들이 멸치를 채갈 때 이는 물결의 파장은 멸치의 양에 따라 비례한다. 물위로 보이는 것만으로는 알 수 없지만 바다 속에 얽히고설킨 채 밀려든 멸치 떼는 갈매기를 떼로 불러들이게 마련이다. 밤에는 물고기가 내는 빛인 '씨그리' 빛으로 멸치 떼를 탐지한다. 숙련된 선도가 먼저 전마선傳馬船을 타고 나가 '씨그리불 보기'를 한다.

멸치 떼가 많은 날은 해안이 온통 은빛으로 반짝일 정도였다. 멸치의 대군을 포위하였을 때는 멸치끼리 서로 눌려 폐사한 채 해저에 가라앉기도 했다. 그 정도가 심할 때는 두께가 수 촌寸에 달해서 해저까지 온통 은백색으로 변하는 때도 있었다.

멸치가 연안 깊숙이 들어오면 후리가 시작된다. 어장의 모든 작업은 선도의 지시에 따라 이뤄진다. 우선 멸치 떼가 연안으로 들어오면, 일꾼들을 소집하는 큰 나팔을 길게 연달아 불어댄다. 나팔소리는 후리어장마다 다르다. 사람들은 나팔소리만 듣고도 누구네 후리막에 멸치가 들었다는 것을 멀리서도 안다. 텃밭에서 김을 매던 사람도, 논을 갈던 장정도 그 소리가 자신이 속한 어장의 소리인 것을 알면 일손을 놓고 후리막으로 달려간다. 각자가 맡은 바 채비를 하기 위함이다.

멸치가 몰려오기 전까지는 각자 다른 일에 종사하다가도 나팔소리만 나면 그들은 모두 어부가 된다. 어부들의 움직임은 일사불란해진다. 먼저 그물이 실린 모선 아래에다 둥근 기둥 모양의 방(내림틀)을 설치한 뒤 배를 밀어 내릴 준비를 한다. 선도의 지시가 없이는 배를 내릴 수가 없기 때문이다. 선도의 신호는 나팔소리다. 한 번을 길게 불면 사려진 줄을 준비하라는 신호요, 두 번을 끊어서 불면 배를 내리라는 신호며, 세 번을 끊어서 불면 그물을 치라는 신호다.

멸치 떼의 움직임과 어부들의 준비를 눈여겨 살핀 선도는 말을 하는 대신 나팔을 분다. 어부들은 나팔소리에 따라 배를 밀어 내리다가 선체가 물에 닿는 순간에 승선한다. 이때 모선에 탄 어부들은 선수의 지시에 따라 노잡이는 노를 잡고, 키잡이는 키를 잡는다. 그런 다음 먼저 놓을 그물 끝에 사려진 줄을 걸고 뭍으로 내려 준다. 뭍에서는 이 줄을 이어 가면서 여유 있게 풀어낸다. 그렇게 그물을 다 치게 되면 남은 줄을 모래사장 위에 설치된 양쪽 고정도르래(로구로) 중 한 곳에다 걸어놓고 줄 당길 채비를 한다.

그물은 선도의 나팔소리에 맞추어 친다. 오동나무 토막의 틈이 붙은 위쪽 그물과 추가 달린 아래쪽 그물이 잘 펼쳐져야 한다. 그물의 가운데 쪽에 달린 자루(봇동)는 멸치가 담기는 주머니 역할을 한다. 이렇게 펼쳐진 그물은 멸치 떼를 에워싼 형국을 이룬다. 양쪽 줄은 뭍에 고정된 양쪽 로구로에 연결해 놓고 인부들은 양쪽으로 나누어 줄과 그물을 당긴다. 로구로 잡이가 긴 목도용 막대기를 로구로 틀에다 끼우면 수 명이 천천히 돌리면서 줄을 감는다. 이때는 바다에 펼쳐진 그물이 둥글게 균형을 유지하면서 당겨야 성공한다. 숙련된 후리꾼들이 작업을 하는 걸 보면 아주 쉬워 보이나 결코 쉬운 일이 아니다.

그물 양쪽 끝에 이어진 줄은 뭍에서 천천히 당겨야 한다. 이 과정 역시 만만치 않다. 멸치 떼가 갇혔다고 무조건 줄을 당겨서 될 일이 아니다. 줄을 당길 때는 좌우측의 균형이 잡혀야 한다. 이 일이 원활하도록 이끄는 이도 선도다. 선도는 배를 타고 바다가운데서 좌우측의 균형을 봐가면서 나팔소리로 신호를 보내게 된다. 짧게 한번 불면 좌측이 늘어지니 좌측 줄을 세게 당기고, 두 번 연달아 불면 우측이 늘어지니 우측이 세게 당기라는 뜻이다.

배를 내려서부터 노를 젓는 사공들도 제멋에 겨워서는 안 된다. 노를 밀(어설) 때와 당길(데릴) 때도 서로 노동요 가락에 맞추어 노를 젓는다. 후리 줄을 당길 때도, 양쪽 힘의 균형을 맞출 때도 소리꾼의 선소리에 따라 후렴을 붙이면서 힘의 강약을 조절한다.

"오시요와 오시요와 지이야 지야! 어허사 어허사 오시오! 에헤야자, 에헤야자!
이팔청춘 에헤야자! 소년들아 에헤야자! 백발노인 에헤야자! 웃지마소 에헤야자! …(후략)."

이 노동요는 당시 쑥밭에 거주하던 강이도姜而道씨가 제공해 울산시 발간 『내 고장의 전통』에 전해진다.

아무리 흥겹게 그물을 당기다가도 작업을 중단해야 할 때가 있다. 멸치가 너무 많이 들었을 때다. 풍어가 싫을 리 없지만 그보다는 그물이 터지면 여간 낭패가 아니다. 그 때문에 지나치게 많은 멸치가 들었을 때는 그물당기기를 중단한다. 어부들은 후릿그물 자루(봇동)의 중간 줄을 적당하게 조인 다음 작업을 멈추면 기다리던 사람들이 그물 속의 멸치를 쪽박으로 퍼낸다. 이때만큼은 주민들이 가져온 쪽박으로 맘껏 퍼가도 괜찮았다. 선주도 선도도, 나머지 어부들도 쪽박을 든 사람들을 물리치지 않았다. 이때를 대비해서 집집마다 멸치 뜨는 쪽박 하나쯤은 마련해 두고 있었다.

그물은 적당하게 멸치를 퍼낸 후에 다시 당긴다. 줄이 다 올라오고 나면 아래위 그물이 엉키지 않도록 '개다리'를 걸친다. 개다리는 나무 가지로 만든 V자형 격자로 옆으로 내건다. 개다리가 뭍으로 올라오면 이때부터는 아래위 그물을 한 데 묶어가며 그물을 당긴다. 이때도 내키는 대로 당겨서는 안 된다. 줄이 빠지지 않도록 먼저 손바닥만 한 판자에 구멍을 뚫는다. 그 구멍에 줄을 끼운 다음 매듭을 짓는다. 혹시라도 줄이 구멍으로 빠지지 않게 하기 위함이다. 이 줄의 끝은 허리춤에 묶어놓고 그물을 감싼 줄이 밀리지 않도록 이를 끼워서 당기는데 이를 '고댓기'라 불렀다.

이렇게 그물을 물가邊에 당겨놓으면 배에서 하는 작업은 끝이 난다. 이때부터는 육지에서의 작업이 시작되는 것이다. 먼저 자루에 든 멸치를 큰 대바구니에 퍼 담는다. 그것을 두 사람 이상이 짝이 되어, 대바구니를 얽어맨 밧줄에 몽둥이를 꿰어 어깨에 메고 나른다. 이를 목도질이라고 부른다.

목도질로 나른 멸치를 가마솥 근처에 산더미처럼 쌓아놓고 밤새도록 삶아낸다. 그런데 멸치잡이라곤 해도 바다에 사는 어종이 멸치만 있는 것이 아니다. 온갖 생선들이 다 올라오지만 멸치 철에는 멸치만을 중요하게 여겼다. 멸치 외에는 크고 작은 생선을 불문하고 어떤 것이든 잡어로 취급되었다. 그런 것들은 멸치를 삶기 전에 따로 골라 놓는다. 이렇게 골라낸 생선들은 일을 마친 인부들에게 골고루 나누어 주면 그들에게 훌륭한 반찬거리가 되곤 했다. 멸치가 많을 때는 이러한 후리 작업을 하룻밤에 두 번 치를 때도 있었다고 한다. 이때는 멸치를 넣고 끓인 죽과 막걸리가 야참으로 제공되기도 했다.

이렇게 잡은 멸치들은 삶아서 말린 후에 팔기도 하고, 생멸치를 팔기도 했다. 판매까지 모든 작업은 공동으로 했다. 판매가 끝나면 총매출액의 절반은 선주가 챙겼다. 나머지로 선도 2배수, 선수 1.2배, 일반 어부 등의 순으로 배당되었다. 돈은 10일 혹은 보름 단위로 분배가 되었는데 일반 가계에도 큰 보탬이 되었다.

이러한 후리어장은 60년대에 와서 유자망流刺網에 밀려 후리막도 서서히 사라지게 되었다. 현재는 옛 모습을 추억하는 관광 상품으로 계발啓發하여 축소판 후리광경이 서생면 나사리 바닷가에서 재현되고 있는 실정이다.

동구의 소리를 새기며

제1경-동축사 새벽종소리竺庵曉鐘(축암효종)

마골산은 동구의 대표산이다. 특별한 의미와 설화를 간직한 아름다운 바위들이 지천인 돌산이다. 예로부터 동구사람들은 "설악산 울산바위가 마골산에서 출발했다."고 일컬을 정도다. 축암효종은 이 산에 있는 신라고찰인 동축사에서 새벽 예불 시간을 알리는 종소리다. 오랜 역사를 간직한 만큼 종소리의 울림도 깊고 그윽하다.

축암은 동축사를 상징한다. 동축사는 서기 573년(진흥왕 34)에 창건한 고찰이다. 불교 발상지인 천축국天竺國의 동쪽에 있는 절이라는 의미로 지은 이름이다. 절 마당은 아담한 모습의 삼층석탑이 지키고 있다. 고려 중기에 만들어진 것으로 전해지는 탑은 귀퉁이가 닳고 닳은 모습이다. 뾰족하게 깎인 돌이 주는 딱딱한 질감보다는 부드러운 흙의 느낌을 갖게 해서 눈길이 한 번 더 간다.

동축사의 뒤편에는 관일대觀日臺가 있다. 말 그대로 해를 보는 곳이다.

두꺼비 모양의 바위들이 구름처럼 모여 있어 섬암蟾巖이라고도 부르는데 묘한 모습으로 구부러진 소나무들과의 조화가 평화롭다. 떠오르는 해를 맞이하러 솔숲을 헤치고 오르면 해돋이를 응원하듯 은은하게 울리는 종소리. 600관 무게의 범종이 새벽 예불 시각을 알리는 소리다.

이 소리는 멀리 방어진까지 울렸다고 한다. 시계가 없던 시절, 사람들은 동축사의 종소리에 잠을 깨고 하루를 시작했다. 역사는 깊으나 절집은 늙지 않았다. 여러 차례 중수를 거친 까닭이다. 그렇지만 여명과 함께 울리는 새벽 종소리의 그윽함은 여전하다. 중생의 귀를 열어주고 마음의 안식을 갖게 하는 종소리. 지금은 도심에서 나는 갖가지 소리들에 묻혀서 그 청아함은 읽을 수 없다. 다만 누리마다 평화를 기원하는 축암의 새벽 종소리에 담긴 메시지는 변함이 없다.

제2경-마골산 숲 사이로 흐르는 바람소리

마골산 숲은 치유의 숲이다. 한 줌 바람에도 눕고 일어나는 풀잎, 나뭇잎 사이를 파고드는 햇살을 비껴나가는 솔바람의 숨결, 청아한 새소리와 물소리를 받쳐주는 바람소리를 들으면 마음이 후련해진다. 자귀나무, 오리나무, 갈참나무, 소나무, 잣나무, 단풍나무, 밤나무를 훑고 지나온 바람소리에 머리가 맑아지고 눈이 밝아진다.

잔바람에 사근대는 나뭇잎 소리는 시원하다. 거친 바람도 상대에 따라 성격이 바뀐다. 숲의 바람이 부드러운 것은 나무의 온화함을 만나기 때문이다. 아무리 드센 바람도 제 분수를 지킬 줄 아는 나무를 만나면 기가 꺾인다. 언제 성질을 부렸느냐는 듯 살랑거리는 것이 연인의 속삭임처럼 느껴지기도 한다.

솔숲의 바람소리는 향기롭기까지 하다. 침엽수가 만들어낸 피톤치드를 실어 나르는 것도 바람이다. 한 자리에 고여 있을 좋은 기운을 부드러운 숨결로 온 숲에 골고루 흩뿌려 준다. 좋은 향기를 담은 바람소리는 솔숲의 숨결이다. 소나무가 어깨를 겯고 있는 마골산의 바람소리. 또 하나 동구의 소리가 아닐 수 없다.

제3경－옥류천 계곡물소리玉洞淸流(옥류청류)

물소리만큼 마음을 정화시키는 것도 드물다. 바닷가에서 들을 수 있는 파도소리의 파열음은 후련하다. 조는 듯 깬 듯 쉬지 않고 흐르는 개울물소리도 정답다. 높낮이에 변함없는 소리가 언뜻 게으른 듯하지만 물소리는 지겹지 않다. 빗물이 듣는 소리 또한 바쁜 일상에 지친 마음을 가다듬게 한다. 쫓기듯 달리던 발걸음을 멈추게 하는 소리다.

고요한 장소를 찾아 든 계곡에서 듣는 물소리는 어떤가? 더러는 바위틈을 헤치느라 격렬하기도 하고, 더러는 풀숲을 스치느라 고요하기도 한 것이 계곡물이다. 계곡물은 흐르는 소리도 변화무쌍하다. 흐르는 중에 어떤 상대를 만나느냐에 따라 물소리가 달라진다.

마골산 골짜기를 따라 흐르는 옥류천은 이름조차 예쁘다. 옥구슬이 구르는 것 같다고 해서 붙여진 이름이 옥류다. 이름 때문일까, 아니면 그 흐름 때문에 그런 이름이 붙었을까? 옥류천은 물소리가 그다지 격렬한 구간이 없다. 바위가 많기는 하지만 큰 비가 내린 다음이 아니면 대체로 조용하다. 다만 개울물처럼 일정한 높낮이는 아니어서 소리만 듣고도 시원함이 전해진다.

옥류천은 남목을 가로질러 흐르다 남목삼거리 서쪽에서 흘러드는 제

기천과 몸을 섞는다. 다시 한채들을 지나 미포만에서 몸을 푼다. 겨우내 쌓인 눈과 얼음이 녹아 흐르는 계곡물은 옥이 구르는 듯 맑은 소리를 낸다. 지그시 눈을 감고 있으면 온갖 잡념이 물살에 씻겨 가는 듯 개운하다. 아무리 마음이 급한 사람도 발걸음을 늦추게 되는 것이 옥류천의 물소리다.

제4경-현대중공업 엔진소리

일하는 사람의 모습만큼 아름다운 것도 드물다. 일하면서 흘리는 땀을 구슬땀이라는 것도 이런 아름다움에서 기인했을 것이다. 뜨거운 용광로 앞에서 선 남성의 구릿빛 살갗을 타고 흐르는 땀은 보는 이들에게 희망을 안긴다. 그런 희망에 활기를 더해주는 소리가 선박의 엔진소리다.

현대중공업에서 생산된 선박들이 내는 엔진소리에는 우리나라 근대화를 이끌어 온 강인함이 스며 있다. 조용한 갯마을이었던 울산을 일으켜 세운 힘이 전해진다. 고르게 들리는 엔진소리에는 건장한 남성의 푸른 근육이 투영된다. 세계 최대 조선소라는 자부심이 느껴지는 선박 엔진소리는 대한민국 산업의 심장박동소리다. 이 소리는 고요의 바다를 역동의 바다로 느끼게 한다.

조선소는 동구 주민들에게 삶의 터전이다. 가볍게 스치듯 듣기에는 자루한 소리지만 엔진소리는 삶의 소리다. 그렇기에 쇳소리가 분명한데도 경쾌하다. 밤낮도 없이 들리는 건설의 소리에 끌려 해질 녘 화정산 전망대에 오르면 자연과 사람이 빚어낸 풍경을 만날 수 있다.

현대미포조선소의 기운찬 모습, 저물 녘 울산항의 고즈넉한 분위기는 묘하게 대조를 이룬다. 자는 듯 조용하게 이어진 태화강 줄기와 울산공

단의 화려함 역시 한눈에 잡히는 정반대의 풍경이다. 마치 보색을 한눈으로 보는 느낌이다. 기장 달음산에서부터 치술령까지 줄줄이 이어진 연봉을 붉게 적시는 일몰조차도 선박들이 내는 엔진소리 끝에서는 더 붉게 살아난다.

제5경－신조선 출항 뱃고동소리

이 소리는 조선소의 탄생과 생성시기를 같이 한다고 해도 틀린 말이 아니다. 조선소에서 새로 만든 배들이 첫 출항을 할 때 내는 고동소리이기 때문이다. 아이의 첫울음은 온 집안에 희망을 준다. 어떤 울음소리도 태어나는 아이의 첫울음만큼 가슴 벅차고 흐뭇하게 들을 수 있는 것은 없다.

뱃고동 소리도 다르지 않다. 고기잡이를 떠난 배가 만선을 알리는 소리도 기쁨과 뿌듯함을 느끼게 하지만 완성된 배의 첫 고동소리만 한 기대감을 갖지는 못한다. 만선에서 알리는 소리는 이미 만선을 바라는 이들에게 더 이상의 기대감을 주지는 않는다. 첫 출항을 하는 배는 다르다. 그 소리는 배가 태어난 동구의 작은 항구에서 시작되지만 그 여운은 어디까지 울릴지 알 수 없는 일이다.

낮으면서도 울림이 긴 고동소리를 내며 먼 바다를 향해 나간 배는 만든 사람들에게는 낯선 세계로의 동경을 갖게 한다. 그 배의 건조를 부탁한 이들에게는 자신들에게 안겨 줄 보람의 소리이며, 건조를 위해 애쓴 사람들에게는 땀과 눈물의 결실을 위로하고 격려하는 소리이기도 한 것이다.

제6경-울기등대 무산霧散 소리(구원의 소리)

울기등대는 대왕암공원을 지키는 등대다. 2007년에는 국토해양부로부터 대한민국 아름다운 등대 16선에 선정되었다. 근대문화유산으로도 지정되었는데 역사성과 아름다운 주변경관과의 조화를 인정받은 것이다.

'울기蔚埼'는 '울산의 끝'이란 뜻이다.(최근 蔚氣로 한자 명칭이 바뀌었다.) 이곳의 등대가 울기등대로 1906년 3월에 세워졌다. 백색 팔각형으로 등탑의 높이는 6m다. 동해안에서는 가장 먼저 세워졌으며 우리나라에서는 세 번째다. 한 세기 동안 굳건히 한 자리를 지키며 인근 바다를 오가는 선박들의 안전을 지키는 파수꾼의 모습이 듬직하다.

해무海霧는 배의 운항에 관계하거나 승선한 사람이 아니라면 낭만으로 받아들일 수 있다. 그러나 선박의 안전운행에는 대단한 위험요소가 아닐 수 없다. 바닷길은 일반 도로처럼 중앙선이나 갓길 표시가 있는 것이 아니다. 늘 잔잔한 듯하지만 바람의 세기에 따라 길이 달라지기 일쑤다. 그런 데다 해무라도 짙게 깔리는 날이면 선박은 갈 길을 잃고 방황하기 쉽다.

이런 날 희뿌연 안개 속에서 선박들을 안전하게 불러들이는 무산소리는 안전을 보장하는 소리다. 깊은 동굴에서 울리는 외침처럼 짙은 안개를 헤치고 들리는 무산 소리는 듣는 이들에게 깊은 여운을 남긴다.

1987년 새 등대가 들어선 뒤로 지금은 무산소리를 직접 들을 수가 없다. 그렇지만 동구의 소리로 선정된 만큼 예전에 울렸던 소리를 채집해서 일정한 시간마다 들려줄 예정이다. 또한 등대 옆에는 4D입체영화관과 선박조종체험관이 조성돼 있어 소리의 운치를 더 해 준다. 1만 500여 그루가 넘는 해송숲 또한 장관이다.

제7경-대왕암 몽돌 물 흐르는 소리

아름다운 경관을 가진 명소 대왕암에는 그에 걸맞은 풍광들이 즐비하다. 그 중 하나가 과개안의 몽돌해변이다. 주전의 몽돌만큼 많지는 않지만 물길이 들락거릴 때마다 내는 소리는 더 청아하다. 주전해안의 몽돌소리에 비해서 훨씬 건강한 느낌을 준다.

앉은 자리에서 멀리 떠나지 않으면서 물길에 떼를 지어 움직이는 몽돌. 물길을 그냥 스쳐 지나기엔 아쉬움이 남았던 모양이다. 바다와 해안의 경계를 넘나드는 물길에 장단을 맞추는 걸 보면. 늘 같은 자리에 있을 것 같은 돌들이 물길에 돌아눕는 소리는 이곳을 찾는 이들의 정서를 자극하곤 한다.

자연이 들려주는 소리에 위로를 받는 것은 바람이나 물소리만이 아니다. 돌멩이들이 내는 소리 또한 자연이다. 그것도 몽돌은 오랜 세월을 물에 씻기며 자신의 모난 부분들을 다 깎아낸 대견한 자연이다. 뾰족하거나 우툴두툴했던 개성을 물길에 씻고 또 씻으며 닦여진 몸매는 매끈하게 반짝인다. 세월이 흐르면 이해되지 않는 부분이 없다던가? 오랜 세월동안 물길에 씻겨 동글동글해진 몽돌은 자신의 목소리만 내려다 지친 사람들에게 일상의 위로가 되기에 충분하다.

바다와 바람이 어울려서 내는 몽돌소리. 소리로 들려주는 방어진 일대의 색다른 정경이기도 하다. 딱딱한 돌멩이면서도 그들이 내는 소리는 마음을 한결 부드럽게 해준다.

제8경 – 슬도명파瑟島鳴波

슬도명파는 예로부터 시인묵객들에게 잘 알려진 명소다. 파도가 우는 거문고섬이다. 슬도는 아주 작은 섬이다. 현재는 방파제로 섬끝마을과 연결되어 있다. 그 때문에 섬의 이미지보다는 섬끝마을의 끝자락처럼 느껴지는 곳이다.

슬도는 조용한 섬이지만 방어진항에 붙어 있어 부산스러움을 느낄 수도 있다. 슬도에서 바라보이는 방어진항의 활기 덕분이다. 슬도는 섬 전체가 숭숭 구멍이 뚫린 바위로 이루어져 있다. 그 구멍으로 바닷물이 드나들 때마다 거문고瑟를 타는 소리가 난다고 해서 붙여진 이름. 이 소리가 방어진 12경 중 하나인 '슬도명파瑟島鳴波'다.

바위는 모래가 엉켜 굳은 사암이다. 땅을 딛고 섰지만 섬 전체에 벌집처럼 구멍이 난 걸 보노라면 발밑이 물렁한 것 같다. 바위에 난 구멍은 직경 2~10cm까지 다양하다. 대략 120만개쯤 되는 이 구멍들은 석공조개의 일종인 돌맛조개의 작품이다. 돌맛조개는 바위에 동그랗게 구멍을 만들어서 서식한다.

돌맛조개는 껍질의 일부에 예리한 톱니 같은 돌기가 있다. 이 돌기로 딱딱한 바위를 뚫는 것이 특징이다. 구멍을 뚫은 다음 몸집이 커지면서 특수한 분비물을 내뿜는다. 이 분비물이 점점 바위를 녹이면서 돌맛조개는 바위 속으로 빨려 들어가게 되는 것이다.

슬도는 물속에서 돌맛조개들이 구멍을 뚫은 것이다. 그랬던 것이 수백만 년에 걸쳐 솟구쳐 올랐다고 전해진다. 등대의 정면으로는 방어진항과 시가지가 보인다. 좌측으로 보이는 울산항과 화암추등대 전경도 압권이다. 방파제까지 연결된 뒤로는 낚시꾼들이 많이 찾는 명소가 되었다.

동구청은 슬도를 찾는 사람들에게 머물고 싶은 동구를 위해 슬도명파에 걸맞은 시설도 건립계획에 있다. 전국에서 최초로 설치되는 소리체험관이 그것이다.

제9경-주전해변 몽돌 파도소리

자연이 내는 소리는 시끄럽지 않다. 늘 들어도 지겹지 않다. 일정하면 일정한 대로 안정감이 있고, 다르면 다른 대로 신선함이 느껴진다. 바람소리가 그렇고 물소리가 그렇고 돌이 구르는 소리가 그렇다. 나뭇잎을 사운대게 하는 솔바람 소리나, 들판을 지나는 기운찬 바람소리는 경건함을 느끼게 한다.

이런 바람과 물과 돌이 어울려서 내는 소리. 몽돌이 구르는 소리다. 대왕암해안에서도 들을 수 있지만 주전에서 듣는 소리는 더욱 정답다. 넓게 펼쳐진 주전해안을 까맣게 덮은 몽돌들. 파도가 밀려올 때마다 뒤척이며 잘그락거린다. 인공적으로는 결코 만들어낼 수 없는 소리가 바로 몽돌이 구르는 소리다.

주전은 물이 맑기로 유명하다. 깨끗한 해안에서 갓 잡은 물고기들은 훌륭한 횟감이 된다. 푸들푸들 살아서 팔딱거리는 물고기들을 보면서 횟감을 먼저 떠올리는 것이 자비심 없게 보이긴 한다. 그러나 맑은 물살이 몰려왔다 돌아갈 때마다 구르는 몽돌들의 소리마저 물새알로 보이는 걸 어쩌랴? 물새들이 여유롭게 나는 해변은 그야말로 새알처럼 반질반질한 몽돌이 즐비하다. 햇살이 따끈한 날이면 그 안에서 물새라도 나올 듯한 모습이다. 돌인데도 모난 곳이 하나도 없이 동글동글해서 맨발에 닿는 촉감이 독특하다.

주전해변

잘박잘박 물길이 밀려오면 몽돌은 저들끼리 몸을 뒤챈다. 처음에는 모난 돌이었을 테지만 물과 바람과 어울림을 배우면서 스스로 깎였을 돌멩이들. 올망졸망한 몽돌을 들여다보노라면 어울림이 자신을 얼마나 갈고 닦아야 하는지를 깨닫게 된다. 잔바람에도 이는 물살에 차르르 차르르 몸을 뒤채는 몽돌들. 바람이 쓸어도 물결이 쓸어도 그 손길에 순응하면서 내는 소리는 감미로움과 정겨움을 함께 전해준다.

풍경만큼이나 아름다운 동구의 소리. 눈을 감고 귀를 열면 익숙한 풍경도 더욱 애틋하게 와 닿는다. 더불어 온갖 시끄러운 소리들로 자극을 받은 뇌파도 안정을 찾아 마음도 차분해짐을 느낄 수 있다.

소리는 어디에나 있다. 다만 맛있는 소리는 드물다. 자연과 어울렸을 때 주는 소리의 맛은 특별하다. 오소소한가 싶으면 쌉싸래하고, 쟁쟁한가 싶으면 아련하다. 밍밍한 듯하면서 달달하고, 다정하면서도 담백한 동구의 소리들은 모두 아홉 개다. 솔바람길 나들이를 아우른 뒤에도 아쉬움이 남는 동구를 소리로 새겨보는 것은 어떨까?